挑战爱因斯坦
越玩越聪明的逻辑游戏

石　楠/编著

石油工業出版社

图书在版编目（CIP）数据

挑战爱因斯坦：越玩越聪明的逻辑游戏 / 石楠编著 . — 北京：石油工业出版社，2018.10

ISBN 978-7-5183-1722-6

Ⅰ. ①挑… Ⅱ. ①石… Ⅲ. ①智力游戏－通俗读物 Ⅳ. ① G898.2-49

中国版本图书馆 CIP 数据核字（2016）第 316073 号

挑战爱因斯坦：越玩越聪明的逻辑游戏

石楠 编著

出版发行：石油工业出版社

（北京安定门外安华里 2 区 1 号楼　100011）

网　址：www.petropub.com

编 辑 部：(010) 64523783　图书营销中心：(010) 64523633

经　　销：全国新华书店

印　　刷：北京晨旭印刷厂

2018 年 10 月第 1 版　2018 年 10 月第 1 次印刷

880×1230 毫米　开本：1/32　印张：8

字　　数：180 千字

定　　价：36.00 元

（如发现印装质量问题，我社图书营销中心负责调换）

前言

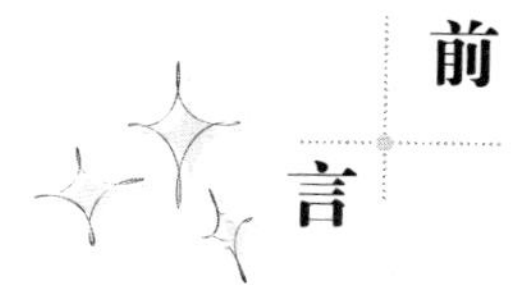

爱因斯坦是20世纪最伟大的物理学家，是很多人竞相学习的榜样。曾有人推测爱因斯坦为什么那么聪明，经研究发现，是因为爱因斯坦的大脑顶叶比平常人要宽15%的缘故。大家可别小看这小小的15%的差距！因为人脑中的顶叶与空间意识、视觉意识以及数学能力有着很大的联系，即使差1%也会产生巨大的不同，更别说差15%了。

然而，天才无法复制，爱因斯坦只有一个，我们这些普通人类天生的大脑顶叶就那么宽，难道就只能望其项背吗？当然不是！虽然我们无法改变先天的因素，但是我们却能够通过后天的训练来提高自己的逻辑能力、分析能力、判断能力等思维能力，来一场人为的“大脑变异”，让自己离爱因斯坦越来越近。

为了锻炼读者朋友们的逻辑思维能力，我们编著了这本《挑战爱因斯坦：越玩越聪明的逻辑游戏》。伟大的哲学家、文学家恩格斯曾经说过：“思维着的精神是地球上最美的花朵。”

无数的事实证明，拥有良好的逻辑思维能力，不仅能帮助大家学好数学，在学习其他学科及处理日常生活问题上也多有裨益。它有助于人们正确地认识客观事物，纠正一些逻辑错误，帮助人们更好地学习知识和表达自己的想法。由此可见，提升一个人的思维能力是非常重要的。所以，本书的目的，就在于让读者朋友们能通过对本书的阅读和对书中的各道试题的练习，在趣味无穷的故事中提升自己的逻辑思维能力，完成后天“大脑变异”的训练。

本书共有十二个章节，分别为直觉思维、记忆思维、应变思维、概括思维、分析思维、比较思维、抽象思维、辩证思维、联想思维、逆向思维、创新思维、系统思维，以逻辑能力、应变能力、记忆能力、观察力、判断力、创造力、分析力等作为主要的思维训练对象，用一些深入浅出的问题，来细致讲解这些思维方式的特点。

本书的最大优点就在于试题选择得非常棒。虽然编者只选了 120 道试题，这些题却是从 1000 多道题目中精心挑选出来的，非常具有代表性。而且，在编著本书时，编者抛弃了那些烦琐艰深的理论说教，直接以各式各样的案例呈现在读者面前，使用的语言也尽量幽默风趣又不失内涵，将理论结合在解题的过程中，使读者可以用最短的时间，在游戏之间提升逻辑思维能力，获得身心上的愉悦感。

最后，希望读者在阅读本书的过程中，可以点亮智慧的火花，让自己既能够领略逻辑思维的魅力，又可以提高思维能力。纵然我们比不上爱因斯坦，却可以让自己在后天的练习中，能够超越常人，比别人站得更高、看得更远！

目录

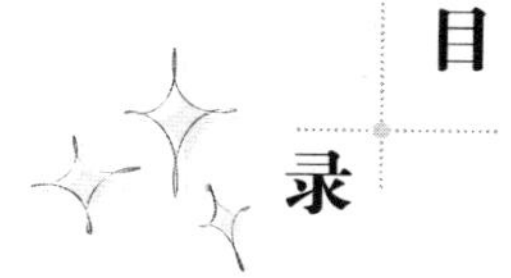

Part 1　直觉思维：相信直觉，灵感顿生

Part 2 记忆思维：强化记忆，过目不忘

Part 3 应变思维：随机应变，风度尽显

Part 4 概括思维：总结规律，发现本质

Part 5 分析思维：抽丝剥茧，认清本质

Part 6 比较思维：对比分析，真理自现

Part 7 抽象思维：由表及里，举一反三

Part 8 辩证思维：对立统一，相辅相成

Part 9 联想思维：善用联想，柳暗花明

Part 10 逆向思维：不按常理，不落俗套

Part 11 创新思维：独辟蹊径，改变未来

Part 12 系统思维：登高望远，统筹全局

Part 1 直觉思维：相信直觉，灵感顿生

爱因斯坦曾经说过:“在我看来，洛伦兹关于静态以太的基本假定是不可能完全令人信服的，因为他所得出的对于迈克耳孙－莫雷实验的解释，我觉得是不自然的。直接引导我提出狭义相对论的，是由于我深信:物体在磁场中运动所感生的电动力，不过是一种电场罢了。但是我也受到了斐索实验结果以及光行差现象的指引。”这充分说明，爱因斯坦认为直觉是非常重要的，能在研究中起到决定性作用。

其实，在现实生活中，直觉确实非常重要。很多时候，我们冥思苦想却依然解不开的答案，会在一个偶然的时候以出其不意的形态冒出来，这时候直觉带来的灵感密钥，为我们打开了问题之门。所以，本章主要从直觉思维出发，来与大家一起碰撞出灵感的火花。

用帽子测量莱茵河的宽度

法国著名的军事家拿破仑不仅有着非凡的军事才能，在数学方面也很有天赋。拿破仑自幼就很喜爱数学，对数学有着浓厚、特殊的兴趣。即使在巴黎军校学习期间，拿破仑也致力于数学的研究。当然，拿破仑的数学没有白白学习，为他之后的军事作战提供了便利。

1850 年，拿破仑率领法国大军与德国军队在莱茵河畔进行激战。当时，两军驻扎在莱茵河两岸，德俄联军在北岸设防，而法军则在南岸进攻。然而，莱茵河非常宽，法国军队很难用炮弹击中对岸的德军，所以德军显得更加有恃无恐，觉得法国军队这次肯定输定了。

拿破仑得知这个消息非常生气。但是当时战况紧急，拖得越久对法国军队就越不利，于是拿破仑就命人抓紧时间找到河道较窄的地方攻到对岸去，他自己也在南岸观望、徘徊。终于，拿破仑的手下找到一处比较狭窄的河道，但是，他们都不确定炮火是否能打得过去。拿破仑走到河边，往对岸眺望。忽然，他发现河水与北岸的边线在视线里刚好擦着自己的军帽边缘，顿时计上心来。

果然，法国军队按照拿破仑的方法，打过去的炮弹都像长了眼睛一样，次次都击中了目标。大家知道拿破仑是怎么做到的吗？

答案

当拿破仑看到河对岸的边线在视线里刚好擦过自己的军帽帽舌的边缘时，就想到了数学上学习过的转移测量对象的方法，通过测量帽舌边缘分别到河两岸边的方式，来测量河的宽度。所以，众人只见拿破仑一步一步地向后退去，直到莱茵河南岸的边线正好擦着他的帽舌时，他才停了下来，然后叫人把这个地方到莱茵河南岸水边的距离测量一下。很显然，这个距离就是莱茵河的宽度，因为平面上移动的两个距离是完全相等的。接下来，拿破仑马上下令根据量得的距离射击目标，取得了胜利。

诺贝尔是如何发明炸药的

诺贝尔是一位非常优秀的化学家和发明家。他在年轻的时候，就已经和几个志趣相投的朋友共建了一个实验室，在里面一起研究各种东西。

有一次，诺贝尔和他的朋友们要一起研究液体炸药——硝化甘油，希望把它应用在矿山和隧道的施工中。但是，硝化甘油是一种很不稳定的东西，非常容易爆炸。诺贝尔的亲弟弟和另外4个助手一起在做实验时，结果硝化甘油发生了大爆炸，他们全被炸死了，实验室也被炸成一片废墟。

这让诺贝尔非常痛苦，很多亲友也劝他不要再尝试下去了。可是，诺贝尔却不这样想，他说道："在驯服野马时，可能会把骑手摔伤、摔死，但只要坚持下去，野马总有一天会为人所用。"所以，在为弟弟和同事料理完后事之后，诺贝尔又重新开始了实验。但是，这次却没有人愿意来帮他了，只有他一个人在努力。而且，诺贝尔为了不再危及家人和邻居，他把实验室搬到了郊区一个湖泊的船上，继续寻找减少硝化甘油因为震动而轻易发生爆炸的方法。但是，诺贝尔在做了很多实验后，仍然毫无进展。

正当诺贝尔愁眉不展之际，突然来了一个意外收获。一天，诺贝尔正在斯德哥尔摩市的郊区散步，顺便思考着炸药的问题。突然，一个老头儿赶着一辆马车摇摇晃晃地从他身旁路过，诺贝尔发现这辆马车上装着很多硝化甘油的罐子，而且有几个罐子已经破碎了！那些硝化甘油也流到了马车上，连车上的沙子都被浸透了。诺贝尔看到了，十分着急，立刻喊道："危险，快停下来！"马车夫吓了一跳，急忙勒住缰绳，询问诺贝尔到底怎么了。

诺贝尔指着流出来的硝化甘油着急地说道："这会引起爆炸，是非常危险的！"

谁知马车夫听了诺贝尔的话，却不以为然地笑着说："不碍事，

我是专门负责运送硝化甘油的，已经运了几百次了，一点儿问题也没有。”

诺贝尔仔细地观察马车上的罐子，发现尽管有几个罐子已经破了，也有一些硝化甘油流出，但却没有引起爆炸。诺贝尔就询问马车夫这是怎么一回事。马车夫说出了其中的奥秘，原来罐子中间塞满沙子能防止碰撞，即便硝化甘油流出来，也能被沙土吸收，不会继续流淌，自然就不会引起爆炸了。诺贝尔瞬间双眼发亮，犹如发现了珍宝一样，兴奋地对马车夫说了声“谢谢”，就飞奔回了实验室。

没多久，诺贝尔就发明出了安全炸药。大家知道他是怎么做到的吗？

其实，万物之间存在着联系。这名马车夫能成功运送硝化甘油的诀窍就在于那些沙子。马车夫在装满硝化甘油的罐子中间塞满了沙子，这样不仅能防止罐子发生碰撞，而且，就算硝化甘油流了出来，也很快被沙子吸收了，所以才不会引起爆炸。诺贝尔就是从沙子这里得到了灵感，将硅藻土磨成了粉末，然后将液态的硝化甘油吸附在其中。如此一来，硝化甘油的性情就会变得温和很多，只有经过人工引爆，它才会爆炸。

及时记录谱曲灵感

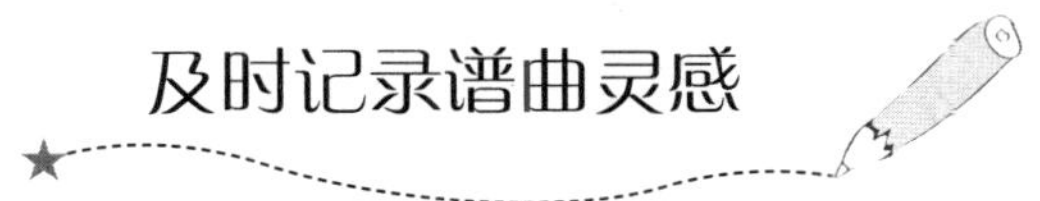

奥地利著名作曲家施特劳斯一生创作了很多著名的乐曲，有时候灵感来了，挡都挡不住。

有一次，施特劳斯和朋友们一起到海边度假。一天的黄昏，穿着白衬衫的施特劳斯独自一人来到海边散步。当时，夕阳西下，阳光照射在蔚蓝的海面上，泛起令人迷醉的橙红色光芒。面对如此波澜壮阔的场景，施特劳斯情不自禁地与乐曲联系了起来。他突然产生了灵感，想出了一段妙不可言的音乐旋律，于是施特劳斯赶忙翻找自己的口袋，想找笔和纸记录下来这一段旋律，以免自己忘记。

可是，施特劳斯翻遍了全身上下，他只带了一支笔，却没有纸。施特劳斯很着急，他知道如果自己不赶快记下来的话，这段美妙的灵感很可能就一闪而过了。于是他四处张望，想要找到能记录的东西。后来，施特劳斯找到了能记录灵感的媒介，成功地记下了这一段旋律，并在不久之后，创作了一整段旋律，这就是施特劳斯后来的不朽之作《蓝色多瑙河》的创作过程。

那么，大家知道施特劳斯是用什么来记下这段旋律的吗？

就是施特劳斯身上穿的那件白衬衣。

在这个时候，施特劳斯只需要找一个能记录东西的媒介就可以了。但是没有纸张，那么，施特劳斯就需要转换思维，找出与纸张相似的东西。因为可以记录旋律的东西很多，除了纸，施特劳斯在紧急之中想到了自己的衣服，他抓紧脱下自己的白衬衣，然后根据记忆把那段旋律写在了自己的白衬衣上。

巧克力与微波炉有什么关系

大家知道吗？微波炉最早的名字叫作“爆米花和热团加热器”，那么，大家知道它是怎么被发明的吗？

那是 1945 年，美国著名的工程师斯宾塞像往常一样，一大早就来到了实验室，开始做雷达起振的实验。斯宾塞在仪器前仔细观察了很久，终于顺利地完成了实验，于是就打算去休息。突然，他身边的助手大声叫道：“天哪，您哪里受伤了吗？您的胸口上正在流血！”斯宾塞大吃一惊，用手一摸，胸部果然又湿又黏，而自己穿着的白色衬衣上都是黑色的“血迹”。但是，自己却感觉不到疼痛啊？那自己应该是没有流血才对，这又是怎么一回事呢？

一头雾水的斯宾塞仔细地观察着身上的“血”，还用手指沾了一些尝了尝，才发现这些“血”是怎么回事。接着，斯宾塞有了一个大胆的猜想，并实践了自己的猜想，发明出了微波炉。大家知道这些“血”是怎么回事吗？微波炉又是怎么被发明的呢？

其实那些“血”并不是真的血，而是斯宾塞放在口袋里的

巧克力！巧克力融化了，褐色的液体渗了出来，染满了衣服。可是因为天气的温度不高，往常又没有发生过这样的事情，所以，斯宾塞脑中就蹦出了一个想法，认为是刚才做实验时，磁控管中放射出的微波在起作用。于是，斯宾塞就去做了一个实验。他找出一袋玉米粒，放在波导喇叭口前，让它接受微波照射，然后认真地观察玉米粒的变化。果不其然，没一会儿，玉米粒就相继开裂了，变成了香脆可口的爆米花！这让斯宾塞证明了自己的猜想：微波具有强大的加热作用。就这样，微波炉诞生了，里面的微波能使组成食物的分子快速振动，瞬间就可以将食物加热。

讨债大师小仲马

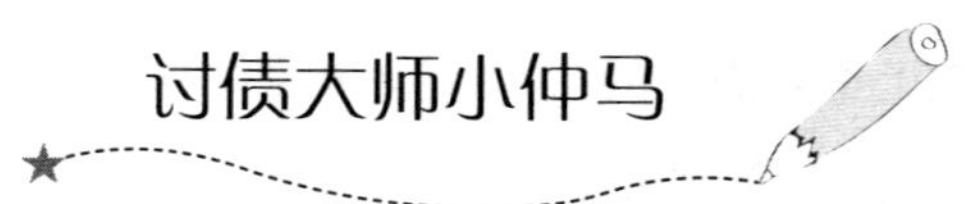

法国的著名作家小仲马在经过了一番呕心沥血地创作后，终于写完了他的《茶花女》。没多久，当地就有一家大剧院的老板找到小仲马，想买下《茶花女》这个剧本。剧院老板对小仲马许诺道："如果前 25 场能卖出 6 万法郎的票，我们就给你 1000 法郎的报酬。但是如果卖不到 6 万，我们就只能付您 100 法郎了。"小仲马对自己的剧本很有信心，就愉快地答应了。

之后，小仲马写的剧本被排成歌剧，受到了前所未有的欢迎，演出获得了很大的成功，每场都是爆满。剧院的老板赚得盆满钵满，小仲马也大出意外。就在《茶花女》第25场演出正在上演时，小仲马去找剧院老板索要之前他许诺给的报酬。可是，狡猾的剧院老板想独吞这笔钱，就撒谎说只卖出了59997法郎的票。如此一来的话，按照合约，剧场老板只需要付给小仲马100法郎的报酬就可以了。

小仲马听后很生气，但他并没有与那个贪婪的剧院老板争执，因为他知道和这种不讲理的老板争吵是没有结果的。于是，小仲马就想着有什么办法，能讨要到属于自己的钱。在走出剧院后，小仲马看到了门口的售票窗口，突然灵机一动，想出了一个妙计。

最后，小仲马顺利讨到了属于自己的那笔钱，大家知道小仲马是怎么做到的吗？

小仲马走到售票窗口前，买了3法郎的戏票，然后他拿着票返回了剧院老板的办公室。小仲马把戏票放在剧院老板的桌子上，不卑不亢地说道："加上我买的这些票，现在可以说是卖了6万法郎的票了吧？按照合约，你应该给我1000法郎。"剧院老板一看，愣在那里，没想到小仲马会来这一招儿，于是他只好乖乖地付给小仲马1000法郎。

无线熨斗是怎么产生的

松下集团生产的电器有很多都受到了顾客们的欢迎，还有些产品被认为是令顾客满意度高达一百分的满分产品，其中，就有无线熨斗。

一开始，松下生产的是有线的熨斗，质量很好，那些家庭主妇们也很喜欢。但是，有人说那根线限制了主妇们的活动范围，不太方便，于是就提议发明一种无线熨斗。这个建议被公司的高管同意了，于是熨斗事业部就迅速成立了攻关小组，专门研制无线熨斗。最后，松下集团的工作人员决定用蓄电池来提供能源，让熨斗持续发热。

但是，又有一个新的问题产生了：如果蓄电池太小的话，则储电量不足，熨斗用不了几次就没电了；如果用大号的蓄电池，虽然能获得充足的电量，但重量却会是普通熨斗的好几倍。这可要怎么办呢？

所以，为了解决蓄电池的难题，事业部派人把主妇熨衣服的整个过程拍下来，发现主妇们在用熨斗时不是一直拿着熨斗，而是熨几下就把熨斗放下，整理下衣服，然后再拿起熨斗熨几下。熨斗事业部的工作人员就是利用这一点，终于研制出了既轻便又能解决电量问题的熨斗。

你知道他们是怎么解决蓄电池问题的吗？

答案

松下公司从家庭主妇用熨斗的过程和方法中找到了灵感。既然主妇们在熨衣服时都是一会儿放下一会儿拿起来使用，那么，就可以给熨斗设计一个充电接口。这样的话，每次不用时，就把熨斗放在充电接口上充电，使用时直接拿起来就可以了。这样的话，蓄电池里的电量也会及时地补充上。

在森林中寻找方向

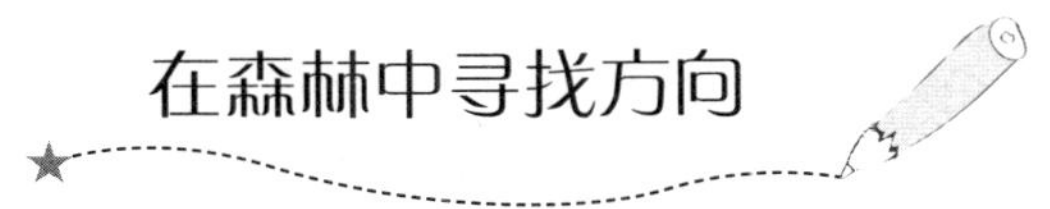

很多人都不知道查尔斯隶属于法国的情报局，不知道他是被安插在贩毒集团里的卧底，以为他就是一个毒贩子。因此看来查尔斯这几年的隐秘工作做得很好！然而，就在最近，有人出卖了查尔斯，被背叛者指出了卧底的身份，查尔斯就被狠毒的毒贩们关进了一个非常隐蔽的地牢里。

幸运的是，毒贩集团的老大外出谈生意，还没有回来，所以，查尔斯只是被关了起来。查尔斯不知道自己被关在了哪里，但是他知道自己必须在天亮之前逃出去，否则等到老大回来后，他必死无疑！

到了半夜，看守查尔斯的人昏昏欲睡。当过刑警的查尔斯自然被训练过怎样快速打开锁、手铐之类的东西，所以他借着这个机会，趁看守人员不备，从自己的皮鞋里抽出了一根回形针，快速地打开了手铐和脚镣。接着，查尔斯又悄悄地打开了地牢的锁，将迷糊的看守员打晕，他自己则沿着地牢的后门溜出了贩毒分子的营地。

查尔斯不敢停歇，一路狂奔。也不知道跑了多久，查尔斯实在是累极了，这才停下来稍做休息。可是，查尔斯发现自己迷路了！他发现自己停在一片茂密的森林里，虽然月光很亮，但他却不知道该往哪里跑了，因为他不知道方向。查尔斯很着急，要是等到天亮的话，那些毒贩们难保不会追上来。于是，查尔斯开始找办法辨别方向。他翻遍了全身，想找找看有没有什么能帮他辨别方向的东西。结果，他口袋里只有一个打火机、一块丝织手巾，再加上那根逃生用的回形针。这些东西看起来似乎都帮不上忙。

查尔斯陷入了绝望中，他心想：难道就这样功亏一篑？查尔斯知道，越是着急越要冷静，于是他命令自己坐下来，让自己冷静一下。突然，查尔斯看到前面的地上有一摊积水。他灵机一动，知道该怎么办了。最后，查尔斯顺利辨别了方向，找到了“北”，逃出了毒贩们的追捕。大家知道查尔斯是怎么做的吗？

答案

查尔斯看着积水和月光，就想借着现有的资源，自制一个“指南针”。于是，借着月光照明，查尔斯从回形针上折下一段，在丝织手巾上用力摩擦。这样，针就具有了磁性。然后，查尔斯又把打火机打开，从里面弄出一些油，将针蘸了油后，再放入水中。这时，油的张力会让针浮在水面上，而磁性的作用会让针尖大约能指向北方。如此一来，查尔斯就靠着自己做的“指北针”找到了方向，而最终逃出了森林。

两军交战智者胜

埃及和以色列曾发生战争。有一次，以色列军队和埃及军队要在米特拉山口进行一场决战。当时，埃及军队除了驻扎在西奈半岛上之外，还在半岛的两侧附近安排了援军，以防止以色列军队的突然进攻。如此看来，埃及军队的防守可以说是很好的，用驻守山口的埃及部队长官的话来说，就是“以我们的力量和所占有的地形，米特拉山口坚如磐石、易守难攻，以色列军队是绝对攻打不上来的！”为此，负责防守的官员还向上司立下了军令状。

然而，面对埃及军队的严守，以色列军队中负责此次战役的军官也接到了上级的命令，要求必须攻下米特拉山口！以色列军队的指挥官十分头疼，不知道该怎么办，于是就召集所有将领前来商谈作战方案。可是，每个人提出的方案都不是那么万无一失，甚至还有很多漏洞。以色列的指挥官和整个军队都笼罩在一种巨大的压力下。

就在此时，一位年轻的少将突然大喊一声："我有一条妙计不知道长官是否敢用。"只见这位少将继续说道，"其实这次战斗主要是因为埃及军队抢先占有了有利的地势，他们在战斗过程中，可以随时叫更多的军队来支援他们。但是，要知道的是，山口地区本身窄小，是无法驻扎很多军队的。所以，只要我们切断了埃及军队与强大的后援的联系，我们就有必胜的把握了。"

"问题是，如何切断呢？"指挥官听了这位少将的话，觉得有了一线希望，迫不及待地问道。

"我有一个办法，这只是我自己的直觉。虽然这个方法有些冒险，但死马当活马医，可以尝试一下。"那位少将肯定地回答道。

说完，少将就把自己的想法说了出来，获得了很多人的赞同和认可。接着，以色列军队就按照这位少将说的做，果然一举拿下了米特拉山口！大家知道这位少将出的是什么主意吗？

面对事已定局的状态，这位少将想出的方法就是切断埃及军队的通信。

原来，不论是埃及军队还是以色列军队，要想求助、获得支援，都需要用军队中的电话去联系援军，所以，这位少将就建议用战斗机的螺旋桨和机翼割断埃及军队的电话线，再干扰他们无线电的通信设施。

因此，以色列军队中的战斗机率先出现，给埃及军队一种“我要开战了”的假象。然后，以色列军队的战斗机在战场上空盘旋了几圈儿，一会儿俯冲地面，一会儿又直冲云霄，好像是在做飞行特技表演，实际上却切断了电话线。不一会儿，飞机就消失得无影无踪了。埃及军队的指挥员看到以色列的战斗机，就准备联系后方的指挥部，却发现电话怎么也打不通了！整个埃及军队面对突发状况，势必会处于恐慌之中，以色列军队即可趁机发起猛烈地进攻，杀对方一个措手不及。

间谍是如何发现密码的

美国女间谍卡罗琳在外出执行任务的时候，一直是以“舞蹈演员”的身份活动的。有一次，她接到上级的命令，需要去莫斯科刺探一下俄国的军情。

卡罗琳来到了莫斯科。很快，她舞蹈演员的身份和火辣的身材让她结识了很多军政要人，其中有一位名叫托里斯耶斯基的将军，在陆军部担任要职。托里斯耶斯基正处于中年，可惜的是他的妻子早几年就已经去世了，他一直都想再娶一任妻子，却始终没有合适的人选。后来，美丽的卡罗琳对他展开了热烈的追求，让他也有些心动，于是二人经常约会。

在与托里斯耶斯基将军约会的过程中，卡罗琳得知托里斯耶斯基将军的机密文件全都放在书房的秘密金库里，而秘密金库就藏在一幅油画的后面。不过，这个秘密金库的锁用的是拨号盘，只有拨对了号码，金库的门才能打开。当然，这个拨号盘的密码只有将军一个人知道。卡罗琳心想：秘密金库的拨号盘号码肯定会记在笔记本上或其他什么容易看到、找到的地方，也不会很难记，不然托里斯耶斯基将军平常事务繁忙，要怎么记住呢？于是，卡罗琳就趁着托里斯耶斯基将军熟睡后，检查了将军的所有口袋，包括笔记本和抽屉里的东西，但是，她怎么都找不到这个号码！这让卡罗琳非常痛苦，不知道哪个环节出了问题。

又一个夜晚，不放弃的卡罗琳依然灌醉了托里斯耶斯基将军，将他安置在了卧室，然后自己就蹑手蹑脚地溜进了书房。这个时候，已经是凌晨 2 点多钟了。卡罗琳来到秘密金库前，不死心地通过从 1 到 9 逐一组合来转动拨号盘，想要试探出这个 6 位数的密码到底是多少。然而，卡罗琳尝试了很多次，眼看天快亮了，女佣人就要进来收拾书房了，卡罗琳还是没找到密码，她看着钟表上的时间，已经 9 时 35 分 15 秒了，这让她感到有些绝望。

然而，就在这时，卡罗琳突然想到了什么，她对着墙上的钟表笑了出来，瞬间知道了密码是什么。卡罗琳尝试了一下后，秘密金库瞬间被打开了！卡罗琳也顺利完成了任务。那么，大家知道密码是什么吗？

因为卡罗琳记起自己是在深夜2点钟来书房的，那个时候钟表上的时间就是9时35分15秒，但是卡罗琳忙于找密码而没有注意这一点。后来，天快要亮了，那也就是5、6点钟，怎么可能依然是9时35分15秒呢？所以，卡罗琳就知道，拨号盘上的密码或许与这几个数字有关。

但是，9时35分15秒应该是93515，只有5位数，这5位数与哪个6位数关系最为密切呢？突然，卡罗琳想到在24小时制里面，9时也可以说是21时，所以9时35分15秒也可以说成是21时35分15秒！如此一来，这就变成了6位数了，即213515。因此，卡罗琳按照这组数字成功地打开了那个秘密金库，出色地完成了刺探情报的任务。

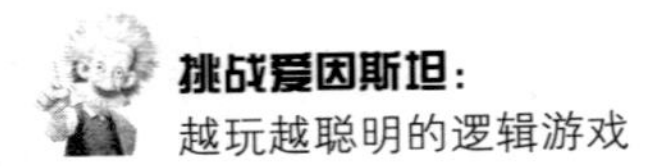

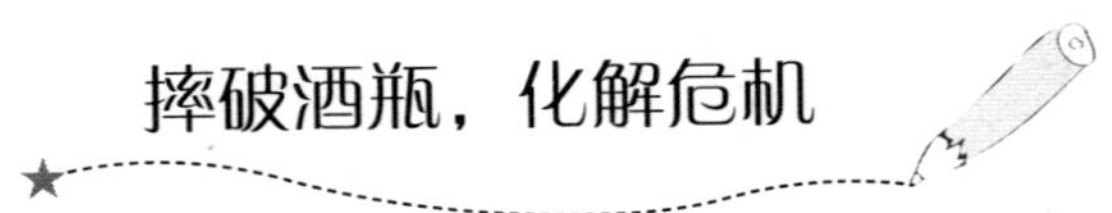

摔破酒瓶，化解危机

法国的红酒非常有名，每年都会举办品酒大会，以推陈出新。这一年，法国又如期举办了一场在国际上都享有盛誉的名酒博览会，来参加宴会的人都很高兴，言笑晏晏，唯有鲍伯却很发愁。

为何呢？原来鲍伯所在的葡萄酒公司是法国这两年新成立的一家红酒公司，也是第一次来参加如此盛大的展览。作为一家新公司，自然也研发出了很多有特色的红酒，尤其以其馥郁的味道闻名。但是因为这家公司的红酒都太小众了，因此没什么人知道。所以，鲍伯的公司在那些享有盛名的大牌中，他们的产品就像一个无名小卒，无人问津。

鲍伯及公司的老板都很想通过这次展会让大家认识他们的酒，提高公司的知名度，然而酒会都已经进行一半了，那些参加博览会的厂商宾客都奔着知名品牌的名酒去了，很少有人来过问他们的展位。即使偶尔有宾客过来，也只是扫了几眼，拿起一份资料就走，并没有坐下来谈生意、了解他们的产品的意思。鲍伯心急如焚，在展位上走来走去，不断想着应该怎么办才好。

或许是因为鲍伯太着急了，他不小心碰倒了一杯用来被品尝的

红酒。看着那杯红酒洒满了整个桌面，鲍伯突发灵感，想到了一个好办法。

果然，等鲍伯做了一个令人意想不到的举动后，就有很多宾客聚拢到了鲍伯的展位前。博览会结束后，鲍伯所在的葡萄酒公司陆陆续续接到了大批的订单，顺利地打开了广阔的市场。鲍伯也因此获得公司“最佳销售员”的称号。大家知道鲍伯做了什么吗？

鲍伯看着倒在桌子上的那杯红酒，突然想到了自家公司的红酒特色就在于味道。俗话说：“酒香也怕巷子深”，之所以无人问津，是因为没有很好地展示出红酒的特色。于是，鲍伯就直接将他们柜台上展示的一瓶最好的红酒假装摔在了地上，酒瓶摔碎的声音很快吸引了很多宾客的注意。紧接着，酒液瞬时流淌在地上，让周围的空气也充满了酒香，令很多注意这里的宾客都闻香而来。就这样，鲍伯拉拢到了很多宾客。

所以说，一个人还是应该适当地被逼迫一下。当人身处困境时，才能“逼”出灵感，化解危机。

Part 2

记忆思维：强化记忆，过目不忘

我们在看影视剧的时候，经常会佩服那些拥有非凡记忆力的人。这些人的记忆能力犹如照相机般管用，只需“咔嚓”一声就能够将看到的东西记下来。比如说爱因斯坦就是如此，他对于他所专注的研究一向记忆力惊人，那些复杂的物理学公式、书本上的研究内容，他都能脱口而出，所以才会取得这么大的成就。

由此可见，拥有出众的记忆能力，对每一个人而言都是一种非常重要的资本。因此，我们要通过后天的学习、练习，来掌握提高记忆力的方法和诀窍，让自己更快地记住感兴趣的事物，以更好地帮助我们学习、思考。

超市购物的奥妙

约瑟芬是个家庭主妇，她每天下午 4 点左右都会去超市购物，准备晚上和第二天早上的食材。今天约瑟芬因为一些事耽搁了时间，等她到超市的时候已经 6 点钟了！超市中的新鲜蔬菜都没有了，幸好还有牛奶和面包供她选择。最后，约瑟芬很幸运地抢到了半打鸡蛋，不是她原来一直会买的 12 只。然后，约瑟芬又去选了苹果汁、红酒、黄油和奶酪等商品，选好后就推着车去收银处付了钱。等约瑟芬快到家时，她才突然想起来因为刚才在超市太匆忙，而没有买明天早上要吃的火腿。

看完上面这段话，请大家说出约瑟芬都买了哪些东西，她又忘记买什么了？注意，不要偷看哟！

这道题考查的是人的瞬间记忆，所以在阅读题目时就需要认真一点儿，按照约瑟芬的购买顺序来记，就不容易记错了。所以，可以先记住约瑟芬买到的东西：牛奶、面包、6 只鸡蛋、苹果汁、红酒、黄油和奶酪。她忘记买的是火腿。

如何打开宝藏大门

杰克逊偶然间获得了一张藏宝图，于是他按照藏宝图上的路线，在历经了千辛万苦后，终于来到了藏有宝藏的地方。可是，等杰克逊想要进去的时候，才发现藏有宝藏的门前有一排按钮。杰克逊数了一下，总共是六个按钮，但只有一个可以打开大门。

在按钮的旁边，还贴有一张告示，上面写道：A 在 B 的左边，B 是 C 右边的第三个，C 在 D 的右边，D 紧靠着 E，E 和 A 中间隔一个按钮，真正的开关就是上面没有提到的那个按钮。但是只要摁错了一个按钮，或者同时按下两个按钮，门都不可能打开，而且这个机关设计是一次性的，摁错了会导致机关锁死，就彻底无法进入宝藏的大门。

杰克逊看着这段绕口的话并没有气馁，而是不断重复地念着那几句话。没过一会儿，杰克逊就笑了，因为他已经知道这六个按钮中哪个是打开宝藏大门的按钮了。请问，你们知道那个按钮处于什么位置吗？

能够打开宝藏大门的按钮就是从左边数第五个。因为题目中提到，真正的开关是没有提到的那个按钮，而上面没有提到F，所以得知按钮F就是开关，我们只需要知道按钮F在哪个位置就可以了。

根据前两个条件，“A在B的左边，B在C右边的第三个”不能确定A到底是在C的左边还是右边，但是，再加上“C在D的右边，E和A的中间隔着一个按钮”这两个条件，可以推测出来A在C的右边。所以，E和A之间的就是C了。这六个按钮自左至右的排列顺序依次是D、E、C、A、F、B。可知F这个按钮在左起第五个位置。

家具店中的巧遇

麦克斯和他的女朋友伊丽莎白，相约在星期天的上午去一家家具店看家具。

在家具店逛了一遍，麦克斯发现自己很喜欢一款黑色的沙发，但是伊丽莎白却觉得这个颜色和客厅里的绿色电视柜不是很搭配。伊丽莎白说自己更喜欢那把红色的扶手椅，但麦克斯却觉得那椅子太贵了。因为麦克斯和伊丽莎白没有协商好，于是他们就走进了地毯区和办公用品区。在这里，他们最终买了一把红色的转椅。

接着，就到了吃午餐的时间。麦克斯和伊丽莎白先吃了一份快餐和酸奶后，二人又走进了餐具区域继续逛。在这里，伊丽莎白买了两块红色的餐巾和三个紫色的调匙，而麦克斯则挑了一个灰色的平底锅。最后他们一起去收银处付钱。在收银处他们遇上了邻居珍妮弗，她只买了一块黄绿相间的地毯和两块紫色的餐布。

请问，麦克斯和伊丽莎白在逛家具店的整个过程中，他们总共遇见了多少种红色的物品和多少个紫色的物品？伊丽莎白为什么反对买沙发呢？他们遇到的邻居叫什么名字？

有四件红色的物品：扶手椅、转椅和两块餐巾；还有五件紫色的物品：三个调匙和两块餐布。伊丽莎白反对买沙发因为她觉得沙发的颜色和客厅里绿色的电视柜不搭配。他们遇到的邻居叫珍妮弗。

公共汽车巧练记忆

一辆动物公共汽车从始发站开出，当时车上有一头大象、两条蛇和一头河马。这辆车在行驶的过程中一共停了六站，每一站都有乘客上下。第一站时，下去了一头大象，却上来一头老虎；第二站时，一头河马下车了，一匹马又上来了；第三站时，两条蛇和一头老虎下去了，上来两只老鼠；第四站时，那匹马下云了，上来一只蹦蹦跳跳的兔子；第五站时，下去了一只老鼠，上来一只鸡；第六站时，又下去了一只老鼠，却上来了一只狗。

请问，开始开车时，车上有哪几种动物呢？大象是在哪一站下的车？题目中一共出现过几种动物？

一开始车上共有三种动物，分别是一头大象、两条蛇和一头河马；大象是在第一站下的车；题目中一共出现过九种动物，分别是大象、蛇、河马、马、老虎、老鼠、兔子、鸡和狗。

服务生的强项

一天，有五个好朋友一起去吃饭，结果，他们在点菜的时候却遇到了难题，因为他们不知道该吃什么好。

“如果晚饭没有波尔多葡萄酒，我简直无法想象。”来自法国的布兰妮伤心地说道。

“哦，是吗，我只喜欢喝黑啤酒。”德国人罗伯特小声地说。

“或者喝杯日本柠檬汁吧。”日本人熊本冈在一旁插话道，“想要喝酒的话，饭后有的是时间。”

“我只要绿维特利纳的白葡萄酒！”约瑟芬斯顿在一旁微笑着说。

“亲爱的小伙伴们，我们到底要吃什么？”西班牙学生也在旁边插话了，“不管点什么，匈牙利的牛肉汤是我的最爱了。”

“这西班牙小伙子的要求真有异国情调啊！为什么不再加一份我们瑞士的铁板烧呢？”约瑟芬斯顿依旧微笑着。

“那再来一份莴苣色拉吧。”罗伯特说道，“当然还得有白肠。”

“巴伐利亚人真是的。”熊本冈生气了，“寿司，生鱼片或者手卷，这些才是我的最爱。”

“生鱼片和米饭？哦，不，谢谢，你们日本人总那么片面。”

“胡说，我们也吃肉和蔬菜，比如日本烤肉。”

服务员听着他们的这一番对话头都大了，幸亏服务员的强项就是下菜单，才没有弄错。

请问，如果你是服务员的话，你能记起他们的谈话中共出现了多少种菜吗？分别叫什么名字？还有，喜欢喝白葡萄酒的人来自哪个国家？故事中提到的哪一种饮料没有酒精？

菜品分别有瑞士铁板烧、匈牙利牛肉汤、莴苣色拉、白肠、寿司、生鱼片、手卷、米饭和日本烤肉。喜欢喝白葡萄酒的人来自瑞士，日本柠檬汁则没有酒精。

恩尼斯与他的朋友们

恩尼斯在买东西的路上先后遇见了自己的四位好朋友，当时他们都在吃东西，而且每个人所吃的食物都不相同，分别是苹果、香蕉、巧克力派、棒棒糖。而且，每个人穿的都是毛衣，但是颜色却不一样。

根据下面的线索，你能按照相遇的先后顺序，说出每位朋友的名字、他们各自所穿毛衣的颜色以及他们正在吃什么食物吗？

（1）在恩尼斯遇到穿蓝毛衣的凯撒之前，他遇到了一位在吃棒棒糖的朋友；

（2）恩尼斯遇到的第三位朋友穿着米色毛衣；

（3）在遇到穿绿毛衣的朋友之后，恩尼斯遇到了正在吃香蕉的朋友，但是这个人不是西门子；

（4）在遇到吃巧克力派的碧昂斯之后，恩尼斯碰到了穿红毛衣的小伙子，这个人不是丹尼尔。

第一位：丹尼尔，绿色，棒棒糖；第二位：凯撒，蓝色，香蕉；第三位：碧昂斯，米色，巧克力派；第四位：西门子，红色，苹果。

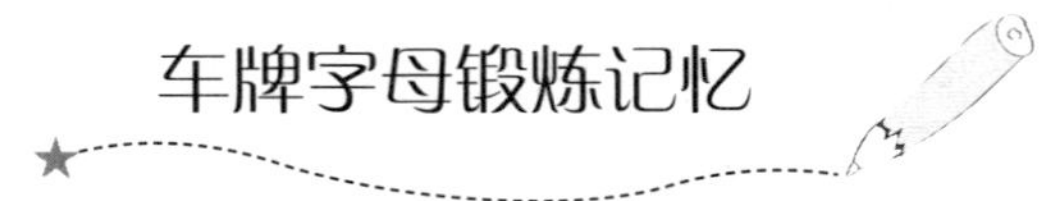

不论哪个国家，车辆都必须得有车牌号。不过，我们发现，每

个国家的车牌号开头的字母都不一样，而且含义也不一样。

比如说，奥地利的车牌字母是 A 打头的，比利时的车牌字母是 B 打头的。而且，大部分国家都是用一个字母代表，比如德国的车牌字母是 D 打头，而 F 则代表法国。当然也有例外的情况，比如英国用 GB 两个字母作为车牌的头字母。此外，还有许多小国家的车牌字母也是两个字母，如 SK 代表斯洛伐克。

但是，也有许多国家的车牌字母很令人费解，如：FL 代表列支敦士登，表示它是个侯爵领地；NL 代表荷兰，从荷兰“Netherlands”缩写而来；同样 E 代表西班牙，因为“西班牙”用西班牙语来发音的话就是“España”。

通常，国家的缩写字母也会用别国的语言来表示：如奥地利缩写 A 源于英语 Austria，HU 代表匈牙利源于拉丁语 Hungaria 或者英语 Hungary。Confederatio Helvetica 也是拉丁语，它的缩写 CH 代表瑞士。

请问题目中都出现了哪些国家？这些国家中，有提到车牌字母的是什么？

文中出现了奥地利、比利时、瑞士、德国、法国、英国、斯洛伐克、列支敦士登、荷兰、西班牙、匈牙利和瑞士共十二个国家。提到车牌字母的国家分别是：奥地利（A）、比利时（B）、德国（D）、法国（F）、英国（GB）、斯洛伐克（SK）、列支敦士登（FL）、荷兰（NL）、西班牙（E）。

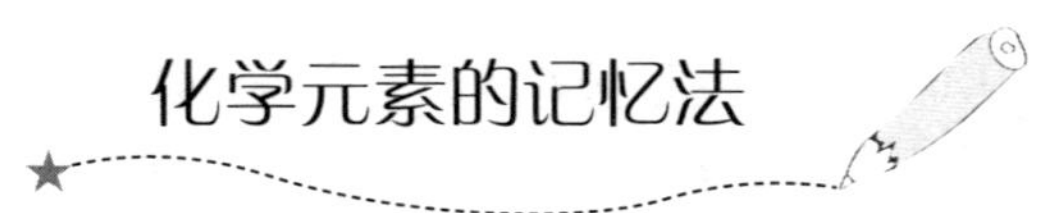

化学元素的记忆法

我们都学习过化学，那么做下面的题应该不难：

已知：氧（O）、氮（N）和氢（H）都是化学元素，而碳（C）也是一种元素，但是绝不能把它与石煤和褐煤相混淆。事实上，人体大部分都是由上述这些元素组成的。除此之外还有一些金属元素，如铁（Fe）或者锌（Zn）等，这些元素都以极少的量存在于人体内，所以被称为微量元素。所有这些元素不仅存在于地球上，几百万年前的太阳星球上也存在。

请问：这段话中共出现了哪些化学元素？这些元素符号是什么？除了化学元素外，还提及了哪些物质？

答案

有氧、氮、氢、碳、铁和锌等化学元素，他们的元素符号分别是 O、N、H、C、Fe、Zn。除了化学元素外还有石煤和褐煤。

幼儿园的一天

迈克尔今年五岁了，到了上幼儿园的年龄。于是，在9月1号这天，迈克尔的爸爸妈妈将他送到了彩虹幼儿园。

在幼儿园的这一天中，迈克尔交到了他的新朋友菲利克斯托，比迈克尔小半岁。与菲利克斯托一起来上学的，还有他三岁半的弟弟乔恩。不过，迈克尔不怎么喜欢这个小孩子。到了中午12点，迈克尔吃完了午饭，需要睡午觉了。但是，因为他和他新交的朋友安妮总是偷偷地说话、嬉笑，所以迟迟没有入睡，还扰乱了其他小朋友的休息，导致幼儿园的阿姨珍妮丝很是生气。

到下午放学的时候，迈克尔的爸爸妈妈还没下班，就由他的姐姐——上小学三年级的赛琳娜来接他回家。

请问，故事中除了迈克尔外，还出现了几个幼儿园的小朋友？乔恩是谁，他比迈克尔小几岁呢？迈克尔的姐姐、幼儿园的新朋友和幼儿园阿姨分别叫什么名字？

除了迈克尔还有三个小朋友，分别是菲利克斯托、乔恩和安妮。其中，乔恩是菲利克斯托的弟弟，比迈克尔小一岁半。迈克尔的姐姐是赛琳娜，迈克尔的新朋友叫安妮，幼儿园阿姨叫珍妮丝。

你们知道这四味调料是什么吗

有一位秀才特别喜欢看书，一天，他正在翻看《三国演义》，却被好朋友拉去酒馆里吃饭。

秀才看得入迷，都坐到酒馆里了也不舍得把书放下。秀才的朋友非常看不惯他的这种行为，就等到店小二把酒菜都上来以后，对秀才说道："兄台，不瞒你说，《三国演义》也是我天天必读的书，我考考你怎么样？"

秀才一听，被激起了斗志，当即掩下书，等着好朋友的提问。

只见这位好朋友说道："今天酒馆的厨子在炒菜时故意缺了四样佐料，全在这本书里面了！你能猜到少的是哪四种佐料吗？"

秀才一听这个问题，顿时迷糊了，心想：《三国演义》里面写的是曹操、刘备和孙权等人逐鹿天下的故事，我没记得里面写过做菜用的佐料啊？难道是我的这位朋友记错了？

秀才苦苦想不出答案，于是便向朋友请教。只见朋友哈哈一笑，说道："你可听好了，就是这四种佐料：刘备求计问孔明，徐庶无事进曹营，赵云难勒白龙马，孙权上阵乱点兵。"

秀才听完后顿时明白了过来，惭愧地说道："我不如兄台书读得透彻，实在是惭愧，自罚三杯。"

亲爱的读者朋友们，你们知道秀才的朋友说的这四种调料是什么吗？

这需要和答案中出现的人各自的特点关联起来。孔明善算、徐庶少言、赵云没有缰绳所以勒不住马、孙权没有将领，合起来就是缺算（蒜）、少言（盐）、无缰（姜）、短将（酱）。

Part 3

应变思维：随机应变，风度尽显

俗话说:“圆若用智，唯圆善转。”世界上的任何事情以及任何智慧、谋略，都是需要随机应变的。如果一个人的思想过于僵化，缺乏应变能力，即使有很高的科学知识水平，也很难有一个创造性的结果，甚至会弄巧成拙。

那么，什么是应变思维呢？所谓应变思维，就是根据具体的条件进行分析，掌握当前事情的形势，从而促成思维方式向行为方式转变，是实践活动中运用最为广泛的一种思维方法。这一章，我们就来提升一下自己应变思维的能力，让自己能够在关键时刻随机应变，风度尽显。

机智猜画

在民国时期，浙江杭州有一个前清的秀才，他是个自视甚高的人，认为自己知识渊博，其他人都比不了，因此，他经常眼高于顶，谁都看不起。而且，这个秀才还喜欢猜谜语，如果别人猜不中的话，他就会奚落对方。

有一次，秀才画了一幅好画，拿到集市上去卖。秀才这次的画很奇怪，只有一只黑毛狮子狗，却画得栩栩如生，尤其那只狮子狗一身油黑发亮的皮毛，让人赞不绝口。因此，有很多人想要出高价钱买这幅画。但是，秀才偏偏不卖，认为那些只有钱的人是俗物，欣赏不了这幅画的美。于是，秀才说道："我这画不卖，出多少钱也不卖。不过，因为这幅画内藏有一字，你们谁能猜出来谜语是什么，我就把这幅画白白送给谁。"秀才之所以会大放厥词，就是因为他笃定没有人猜出来。

大家不知道秀才的小心思，一听觉得可以不花一文钱就白得一幅好画，于是争相猜测起来。可是猜了半天，谁也没有猜中谜底是什么。秀才看着众人那抓耳挠腮猜谜语的样子，觉得十分好笑，心里很得意，心想：你们这些莽夫！

这时，只见一位放学路过于此地的女学生走了过来，她分开众人，走上前去，不说一言就把画摘了下来，然后卷好拿起画就走了。围在一边的众人看到后纷纷指责这个女学生，秀才也被女学生的举动弄蒙了，将她拦住说道："这位女子，你还没有猜出谜底是什么呢？怎么就拿走我的画呢？"

女学生听了后只是笑了笑，依然一言不发，继续往外走。众人七嘴八舌地嚷开了："嘿，先别拿画，你说出谜底是什么？"然而女学生就如同聋了一般，还是不吭声，只顾往前走。

秀才看到这里，就知道女学生已经猜出了谜底，只好哈哈大笑道："大家误解了这位女子。她并不是无缘无故地拿走我的画，而是因为她猜中了！果然巾帼不让须眉，现在的学生都了不得啊！"

周围的人听了秀才的话，都说秀才是一个宽宏大量的人。不过，众人依然不知道谜底是什么。那么，你知道这个秀才为什么说是这位女学生猜中了吗？

答案

秀才画的画其实是一个画谜。因为画中有一只"黑狗"，"狗"也就是"犬"的意思，所以就是"黑犬"。"黑"与"犬"合成一字，就是"默"字。女学生自始至终默不作声，难怪秀才说她猜中了。

丘吉尔的急智

二战期间，因为世界战火不断，经常有激烈的演讲在英国的议会大厅中进行。

有一次，保守党的议员乔因森·希克斯正在演讲台上演讲，他十分激动，讲得激情昂扬、唾沫横飞。正当乔因森讲到关键之处的时候，所有的人都在认真地听着他的演讲，这让乔因森十分满意。然而，他突然注意到在台下坐着的首相丘吉尔却不像其他人那样专注，反而不时地摇头，满脸的不以为然。

丘吉尔的举动惹得乔因森·希克斯十分生气，他觉得自己没有被尊重，于是颇为恼火。只见乔因森停下来他的演讲，对着台下的丘吉尔不客气地说道："我想提醒尊敬的先生们注意，我只是在发表自己的个人见解而已。"

丘吉尔听了乔因森的话，也没有正面地顶撞，而是不慌不忙地回了一句话。就是这一句话，让台上的演讲者乔因森哑口无言。

你知道丘吉尔是怎样反击这位演说者的吗？

答案

丘吉尔的回应很简单，“以其人之道还治其人之身”，他回道：“我也想提醒尊敬的演讲者注意，我只是在摇自己的头而已。”

画家骂人，不用开口

山东有个著名的画师，擅长画人物，画出来的人物栩栩如生，非常逼真。有一年，慈禧太后听闻了这名画师的名声，就想请来他为自己画画，但是一直没有机会。

后来，慈禧太后不顾国家战乱、民生辛苦，依然拨巨款修建颐和园。这时，慈禧太后想要在园中的仁寿殿中摆一个大屏风，为自己歌功颂德，就又想起了这位画师，于是就命人将画师请来画这个屏风。

这位画师自然也知道慈禧太后的所作所为，为此，他非常不情愿给慈禧太后画画。但是，画师又不能违抗旨意，只好答应了。画师拜见过慈禧太后，听了听慈禧太后的要求，便把自己关在屋子里，没日没夜地作画。终于，到了献画的那一天，慈禧太后带了文武百官来看画。只见屏风上画了一个白白胖胖的可爱的小孩，跪在午门前，手里托着一个新鲜的大寿桃，小孩后面却排列着各国军队，还飘着各国的国旗。

这幅画画得非常逼真，官员们看过后都奉承慈禧太后道：“这画儿画得真好，寓意是仙童祝寿，万国来朝啊！”慈禧太后看过画之后也很满意，尤其当她听到众位官员们的恭贺，心旦就更加得意了。可没过几天，慈禧太后不知道突然想到了什么，大声骂道：“画师好大的胆子，竟敢骂我！快派人将他抓起来。”这个时候，画师已经不知道隐姓埋名地藏到哪里去了。

请问，慈禧太后为什么会说画师画的画是在骂她呢？

因为画中各国军队举旗列阵，可以看作是“临阵”的意思；而小孩托桃可看作是“脱逃”的意思。合起来画师就是讽刺慈禧太后当年“临阵脱逃”，跑到西安避难。

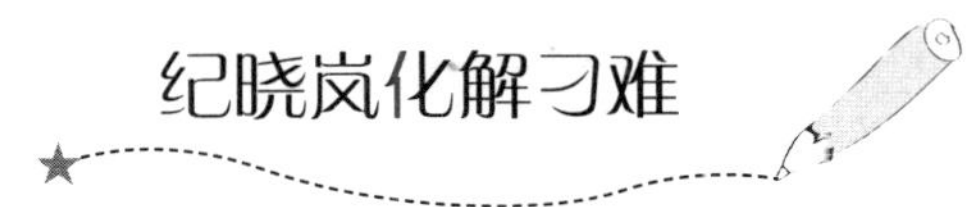

纪晓岚化解刁难

清代第一才子纪晓岚以“博学多才、能言善辩”而闻名。更神

奇的是，这样一个知识渊博的人却不像其他迂腐的文人才子一样惹怒乾隆皇帝，反而很得乾隆皇帝的欢心，是乾隆的宠臣之一。可是都说“伴君如伴虎”，纪晓岚是如何在乾隆面前做到游刃有余的呢？

有一次，纪晓岚陪着乾隆皇帝观赏弥勒佛像。乾隆忽然问纪晓岚：“这弥勒佛为什么看着我笑呢？”纪晓岚知道乾隆常常自比“文殊菩萨”，于是就随口应道：“佛见佛笑。”

乾隆听了很高兴，但又想刁难一下纪晓岚，便又问道：“那弥勒佛为什么看着你也在笑呢？”

面对这个极具刁难性的问题，聪明过人的纪晓岚没有害怕与恐慌，而是给予了一个更加巧妙的回答，不但没有冒犯皇上，还让他心满意足，哈哈大笑。

请问，你能猜出纪晓岚是怎么回答乾隆皇帝的吗？

既然纪晓岚知道乾隆帝喜欢自喻“文殊菩萨”，而且他前面的回答也恭维了“乾隆皇帝是菩萨”这一点，如果他继续这样回答，就是以下犯上了，所以，纪晓岚的最佳回答就是：“佛笑我不能成佛。”

罗斯福如何化解尴尬

美国总统罗斯福在参加连任竞选的时候，他的竞选团队专门为他制作了一本宣传手册，然后将这些宣传册发放给了记者和选民，为罗斯福增加支持度。于是，成千上万本宣传册很快就被印制了出来。

但是却出现了一个新的问题：宣传册中有一张相片的版权是不属于竞选办公室的，而是属于一家照相馆的。现在宣传册必须马上发放出去，但是美国又是一个注重维权的国家，如果直接发放出去，照相馆很可能来状告罗斯福的办公室侵权。这样的话，竞选办公室不仅面临着数额巨大的版权费的赔偿，而且会对罗斯福的总统竞选造成不可预估的负面影响。这可怎么办才好呢？

这时候，有人提出派一个代表去和照相馆进行谈判，尽快用一个合理的价钱买到这张照片的版权。这是一个非常正统的思维方式，大多数人在面临这样的问题时都会想到用钱去买版权的方法。但是，如果罗斯福的竞争对手知道这件事的话，很有可能横加阻拦；而且，照相馆的老板也不一定就同意售卖这张照片的版权。所以，罗斯福的竞选办公室就利用罗斯福即将参加竞选这件事，选择了一个更加稳妥的办法。大家知道是什么吗？

竞选办公室通知这家照相馆，他们将在宣传册中放上罗斯福总统的一张照片，而这家照相馆的一张照片就在选择范围里。现在有许多家照相馆在候选名单里，因此竞选办公室决定将这次机会进行拍卖，出价最高的照相馆会赢得这次宣传机会。照相馆当然不想放过这次出名的机会，于是，竞选办公室在两天内就收到了这家照相馆的投标书和支票。如此一来，竞选办公室不仅成功摆脱了侵权的局面，而且得到了一笔收入。

竞选办公室在选择这个方法时主要用到了转移矛盾的方法，将竞选办公室的宣传照片面临侵权的矛盾，转化成照相馆需要做一次具有轰动效应的广告的矛盾，将主动权掌握在了自己的手里，这就要比被动地与照相馆进行谈判更高明。

诡异的宴席

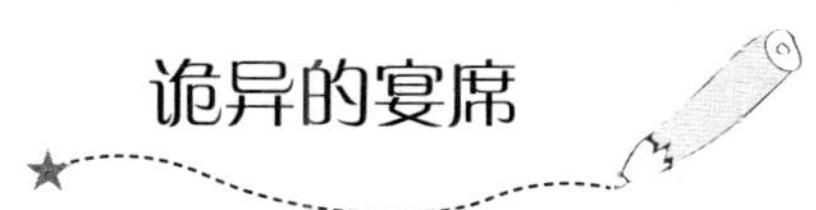

从前，一个小镇里住着一位贪婪的地主，他对待租种他家田地的贫民百姓们是又贪又狠。每年秋收以后，凡是他家的佃户都要请他吃喝一顿，否则他就撤租，来年就不再租给那家人了。

这一年，林新也租了这个老地主的几亩地。秋收过后，他也按照别人的做法，去请老财主来自己家吃饭。当时林新这么对地主家人说道："明天请您到我家来做客。我家也没有什么好酒菜，就杀只家养的猪，宰只家养的鹅，割点儿牛肉，蒸点儿馒头而已。"老地主一听，这比其他人家的吃食都好多了，当即非常高兴地应允了下来。

第二天，老地主为了中午去林新家吃饭，连早饭都没有吃，就为了中午能多吃点儿。到了中午，老地主饿着肚子来到了林新家。还没进家门，老地主就闻到了一阵阵的熘鱼段儿和煮牛肉的香味儿，这让饥肠辘辘的老地主更加饿了，都有点儿等不及了。林新说吃饭之前得把下一年租赁田地的契约签好。老地主等着吃饭，就连忙跟林新签好了来年租地的契约，然后专等好菜上桌。

终于可以上菜了！老地主眼巴巴地等着，结果看见上来的第一盘是炒烂韭菜，他想：好的在后头呢！于是没动筷子，就等着第二盘菜上来。结果，第二盘菜是一只大蜘蛛，第三盘是一只蛾子，第四盘竟装了半只花牛儿……老地主看得目瞪口呆，觉得自己受到了欺骗，便气冲冲地问道："林新，你这是怎么回事啊？这上的都是什么东西！"

林新不动声色地笑道："咱们不是有言在先吗？这都是我说的那些菜啊！"于是林新把这些"菜"给老地主又解释了一遍，最终老地主连气带饿，无可奈何地走了。

你知道林新是怎么解释那些"菜"的吗？

这里林新用的是谐音，"没有好酒菜"，所以上的是烂韭菜；"家养的猪"，就是蜘蛛；"家养的鹅"，就是蛾子；"割点儿牛肉"，就是半只花牛儿。

大律师如何让人自相矛盾

大律师华盛顿受一家保险公司的委托，作为被告方出庭为其辩护。这次的原告方是一位参加了这家保险公司的人身保险的小伙子，他在一个大风天出行的时候，肩膀被路边刮掉的广告牌砸伤了，而且伤得很严重。据小伙子自己说，他现在手臂都抬不起来，于是向保险公司提出了巨额的赔偿请求。

保险公司之所以不同意赔偿，是因为公司的理赔人员凭着自己多年的从业经验，怀疑原告的要求是无理要求，甚至有诈保的嫌疑。可是那位小伙子并不甘心，说自己没有诈保，是在维护自己的合法权益，于是双方就闹到了法庭上。

开庭之前，保险公司的相关负责人就向律师华盛顿详细地描述了案情。华盛顿仔细分析案情后，又从多方面收集了原告的一些相关资料，并对原告进行了一番观察，很快就看出原告所说的伤势是造了假的。

于是，等到开庭时，华盛顿先以一种关心的口吻对原告说："你的伤势现在是什么情况？请你给在场的陪审员们看看，你的手臂能举多高？"那个小伙子慢慢将手臂举到齐肩高时，脸上就露出了痛苦不堪的表情，直说自己不能再举高了。小伙子的这番举动，确实看起来伤得不轻。然而，接下来华盛顿又问了一个问题，让小伙子的伪装不攻自破。

那么，你知道华盛顿是怎样问小伙子的，才让他的伪装不攻自破的吗？

华盛顿直接问他："那么受伤以前，你能举多高呢？"如果他是伪装的，一般听到别人的发问会做出下意识的动作。小伙

子在听到这个问题后，很快地把手举过了头顶。由此，就说明小伙子之前的举动都是装出来的。

神童与国王

国王和大臣们一起到御花园散步，突然心血来潮，指着一个池子说："你们猜猜看，这个池子中的水有多少桶？"大臣都摇头表示不知道，国王便说："我给你们三天的考虑时间，如果你们回答不上来，就要受到惩罚。"

三天的时间很快就要到了，大臣们都一筹莫展。当他们一起在一个大臣家谈论国王会怎么惩罚他们的时候，这名大臣的小孙子插嘴道："我还没见过国王呢，只要让我见国王，我就有办法。"

大臣们都知道这个小孩很聪明，而且一时又没有办法，只好答应带小孩去见国王。国王见大臣们带着一个小孩，就对小孩说："你是谁家贪玩的孩子，也想见识一下御花园的水池吗？"

小孩说："不用看，这个问题很简单。"

国王一听，来了兴致，说："那你说里面有多少桶水？"

你知道小孩是如何回答的吗？

 答案

小孩说："那要看国王给我多大的桶了。如果你给我的桶和水池一样大，一桶就能把水装完；如果水桶只有水池的一半大，那就要两桶才能装完；如果桶只有水池的三分之一大，那就要三桶才能装完……"小孩一直往下说下去，国王耐不住性子了，笑着说："行了，你回答得很好。"

徐文长巧妙对酒令

在绍兴有一名很有才华的书生，名叫徐文长，被很多人赞叹说才学十足。所谓"人怕出名，猪怕壮"，这一天就有六位不服气的文人想捉弄一下比他们年纪都小的徐文长。

这六个人邀请徐文长来喝酒，并在酒桌上摆了六盘菜。喝酒的时候，有人提议按年龄大小来行酒令，而且酒令必须是一个典故。只要谁出的典故与桌上的菜肴有关，就可以拿走这盘菜去吃。

只听第一个人说道："姜太公钓鱼。"这人话刚说完，就把桌子上的一盘鱼端到了自己面前。第二个人说："时迁偷鸡。"同样将一盘鸡

肉端走了。第三个人说：“朱元璋杀牛。”所以，一盘牛肉就归了他。第四个人说：“苏武牧羊。”于是，羊肉就被这个人拿走了。第五个人说：“张飞卖肉。”说完，他就顺手将一盘猪肉移到了自己面前。到了第六个人这里，他忙说：“刘备种菜。”然后把桌上仅剩的最后一盘青菜端走了。

等到了徐文长这里，桌上的六盘菜已经都被端走了，他这才知道这六个人是为了戏耍自己。徐文长看着那得意扬扬的六个人，却不生气，而是笑了笑。那六个人以为徐文长投降了，就拿起筷子要吃面前的菜，却只听年龄最小的徐文长喊道：“等一等！”然后，徐文长就轻飘飘地说出了一个酒令，将六个人面前的菜全都赢了过来。其他六个人听完，也不得不叹服徐文长确实才识渊博，心悦诚服地把他们的菜全都端了出来。请问，你知道徐文长说了什么酒令吗？

徐文长说的是“秦始皇灭六国。”这样的话，就正好将六个人压住，把菜全部赢了过来。在这个案例中，徐文长将应变思维发挥得淋漓尽致。他知道这六个人在为难自己，又看到自己面前一盘菜都没有了，于是想到了秦灭六国的典故，就随机应变，将了六个人一军。

村妇机智气秀才

从前，有一个秀才陪新婚的妻子回岳父岳母家。由于岳父岳母家住在乡村，而这个秀才又恃才自傲，装模作样的，引得村子里的一位妇女非常不满。这个村妇素来是泼辣的性格，最不喜欢别人装模作样、看不起人了，她自己也脑瓜灵活，就想杀杀秀才的傲气，于是对秀才说："秀才，我听说你才思敏捷，出口成章。你要不嫌弃的话，我想和你对几副对联，还望赐教。"

秀才傲慢至极，说："好说。不如我先给你出个上联：进古泉村喝十口白水。"秀才的这个对联说得很好，因为岳父家就在泰山脚下古泉村，才出此上联。

村妇也不客气，直接以泰山霸气回应道："登东岳顶观七小丘山。”

秀才大吃一惊，没想到一个其貌不扬的村妇也能快速应对，还能对得这样好。但秀才只觉得这是村妇的运气好，于是再指门口的大街说道：“一条大路通南北。”

村妇不假思索，随口应对：“两旁小店卖东西。”

这下，让秀才着实吃了一惊。恰巧，秀才见老泰山进城卖炭换盐返回，便出一联：“炭去盐来，黑白分明山水货。”

村妇毫不造作，笑答：“林茂粮丰，青黄相映春秋图。”

秀才见难不倒这位村妇，转而以联取笑她：“马拉车，牛耕田，猪献肥，鸡生蛋，皆有可用，小凤凰空美外表，徒有虚名。”

村妇一听就知道秀才出言不逊，是在挖苦自己，就针锋相对道：“兵保国，农种粮，工造器，商赚钱，各展所长，酸秀才枉作斯文，实无大用。”

秀才吃了哑巴亏，很不服气，心想：我堂堂一个秀才，还难不倒你个村妇？于是开口说道：“有口也念和，无口也念禾；去了和边口，添上斗念科；只要秋登科，常伴女娇娥。”

村妇一听，哈哈大笑，回应了一句，让秀才甘拜下风。请问，村妇如何回敬这骄傲的秀才的呢？

按照故事的情节发展，村妇立即用打油诗为对回敬了秀才：“有米也念粮，无米也念良；去了粮边米，添上女为娘；为娘心常想，养个状元郎。”

Part 4

概括思维：总结规律，发现本质

在人类的很多种思维方式中，有一种被称为“概括思维”的思维方法。这种思维方法的特点就在于从个体出发，发现一个个小切入点，然后再扩大思考的范围，去伪存真，总结本质规律，一步步搜寻出事实的真相。

概括思维经常被运用在生活的各个方面。爱因斯坦在做实验的时候，在攻克各种学术难题的时候，往往会运用到概括思维，在众多的要素、线索之中寻找到最根本的东西，从而使自己的思维得到突破。所以，这一章里，我们要学习一下如何用好概括思维，像爱因斯坦一样去思考、去生活。

巧妙完成优劣转换

有一个小男孩酷爱柔道，但是他却在一次车祸中不幸失去了左臂。从悲痛中清醒过来的小男孩依然没有泯灭自己学习柔道的热情，于是他继续求学。可是，因为小男孩少了一条胳膊，所以没有师父肯教他。后来，小男孩终于打动了一位日本柔道大师，成了日本柔道大师的弟子，开始跟着他学习柔道。

小男孩很努力，学得也很不错。可是，小男孩都学习三个多月了，日本师父依然只教了他一招，男孩很希望能学更多的招式。

这一天，小男孩终于忍不住了，问师父："我是不是应该再学学其他的招数呢？"

谁知，日本师父笑着答道："我知道你怎么想的，但是你只需要这一招就够了。"

小男孩那个时候并不是很明白师父的话，但是他很相信师父，于是就继续照着练了下去。

几个月后，师父第一次带着男孩去参加比赛。小男孩既兴奋又紧张。让他没有想到的是，居然轻轻松松地赢了前两轮的比赛。在第三轮的比赛中，虽然有些艰难，但小男孩最终还是凭借他学的那一招打败了对手，成功进入了决赛。

在进行决赛时，由于遇到的对手都比他要高大、强壮许多，而且比赛经验也更加丰富。小男孩明显有点儿招架不住了。裁判担心小男孩会受伤，就打算终止比赛，然而小男孩的师父却不答应，而是鼓励小男孩："继续下去，你可以的！"于是，比赛又继续进行。

在后来的比赛中，小男孩的对手看小男孩体力不支了，就放松了警惕。结果，就在这时，小男孩开始使出他的那招撒手锏，一招制服了对手，最终赢得了比赛，得了冠军。

从赛场上下来后，小男孩和师父一起回顾每场比赛的细节，他还是不明白自己为何会取得冠军，于是就问他的师父："师父，为什么我能凭着一招就赢得了冠军？"

师父回答了一句话，让小男孩信心倍增。此后，无论小男孩遇到什么困难，都能想起师父的话，都能坚持下去。

请大家来猜猜看，这位师父是如何回答的？

答案

这位师父在回答小男孩的问题时用到了概括思维，所以，他应该是这样回答的："第一，你几乎掌握了柔道中最难的一招；第二，就我所知，对付这一招唯一的办法是对手抓住你的左臂。如此一来，你的劣势也未必就是劣势了。所以，人只要正确认识自己，劣势有时也会变成最高效的办法。"师父在用简单的道理告诉小男孩生存下去的方法，用几句就总结出了小男孩获胜的原因。

如何找到金表

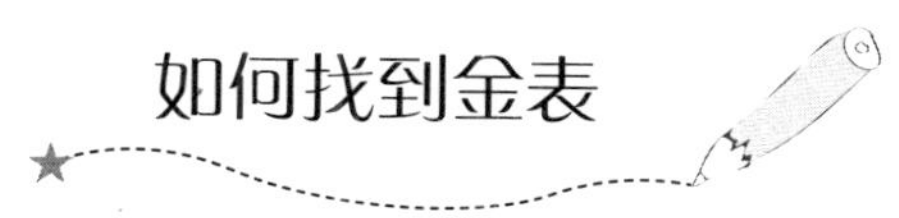

一个农场主在巡逻谷仓时，不慎将自己刚买的一只名贵的金表掉在了装满麦子和稻草的谷仓里。金表掉进谷仓里，瞬间就淹没在了稻草和麦子堆中，农场主着急地到处找，也没有找到这只金表。于是，农场主就在农场里贴了一张告示，说谁要能帮忙找到金表，就能得到 100 美元的奖励。

在重金奖励的诱惑下，农场中的工人们都放下了手中的活儿，开始忙着四处寻找金表。但是，人们不是抱怨金表太小，就是抱怨谷仓太大、稻草太多，一直到太阳下山，金表仍然没有下落。到最后的时候，大家都纷纷放弃了那 100 美元的奖励，不再寻找金表了。

然而，就在众人离开谷仓的时候，一个穷人家的小女孩却来到了谷仓。别人问她来干什么，小女孩说要寻找金表。其他人听后哈哈大笑，说道："你怎么这么傻？天那么亮、人那么多的时候都没能找到表，现在天都黑了，你以为凭借你一个人的力量可以找到吗？"面对其他人的嘲笑，小女孩没有难过，而是继续去谷仓中寻找金表。

奇怪的是，小女孩进入谷仓后，并没有翻动稻草、麦子等东西去寻找金表，而是静静地站在那里不动，过一会儿再换一个地方。

就这样过了十几分钟，小女孩突然两眼放光，咧开嘴笑了出来。接着，小女孩顺利地找到了金表，得到了那100美元的奖金。

请问，小女孩是怎么找到金表的呢?

小女孩是靠着金表发出的滴答声找到金表的。

小女孩趁着没人的时候去寻找金表，这时四周很安静，方便小女孩听金表发出的声音。这也是小女孩为什么不寻找，却站在原地动也不动的原因。等小女孩听到了“滴答、滴答”的声音，就可以循着声音找到金表了。

谁是女客户的同谋

杰米·布拉德是N城一个著名的收藏家，收藏了很多古董。最近，布拉德因为手头有点儿拮据，需要钱，不得不卖出他收藏的一幅珍贵的画作。于是，布拉德拜托他经常光顾的一家古董店的老板，帮他介绍一位有购买力的大客户。

一天晚上，布拉德接到了古董店老板的电话，说有个客户想要买他的画。于是，布拉德带着他的宝贝，按照约定的时间准时来到了古董店老板的家。结果，古董店的老板却告诉他，客户因为一些事情迟到了，将于半小时后到。所以，古董店的老板建议布拉德将这幅画放在客厅之中，然后去隔壁的休息间等消息。布拉德与古董店老板经常有往来，也很信任他，就听从他的吩咐，去了休息间休息。

果然，大约半个小时后，古董店的大厅中传来了说话声。布拉德仔细一听，是一位女性的声音，原来这个大买家是个女人。布拉德只听古董店老板和这位女客户客套寒暄了几句，就让她看了古画以及鉴定书。布拉德虽不在客厅，但古董店老板和女客户交谈的细节，他隔着墙壁听得一清二楚。二十分钟后，客厅的交谈声戛然而止，什么动静也没有了。布拉德就坐不住了，他想推门出去看看客厅中都发生了什么，但是又担心惊扰到客户，引起不便，因而继续耐心等待。

又过了大约十分钟，还是没有声音，古董店老板也没有来叫布拉德，于是布拉德再也忍不住了，就出了休息室。布拉德刚出来，就碰到古董店老板的女佣，女佣说要去客厅送茶，两人一块儿到了客厅门前，敲了好几遍门，仍不见有人来开。布拉德一推门，发现客厅的门被反锁了。布拉德担心事情有变，奋力将门撞开，结果发现古董店老板躺在地上。女佣扑过去反复拍打老板，老板却毫无反应，显然已经死了。布拉德这才发现，那个女客户和古画都已消失不见了。

布拉德马上报了警。警察很快赶到，他们发现，小小的客厅没有任何可以藏身的地方，门和窗都是从里边锁着的，那么女客户是怎么逃跑的呢？古董店老板的死因很快查明，为尼古丁中毒，是根据他的右臂上针刺的痕迹判断出的，而在他的身上，还有一条浸过麻药的毛巾。

这究竟是怎么一回事呢？谁是女客户的同谋？

答案

女佣才是女客户真正的同谋。但是，古董店老板和女客户也是同谋，他们的目的是共同瓜分布拉德的古画。因为客厅里只有古董店老板和女客户，门和窗又都是从里面反锁的，所以女客户只可能是在古董店老板的协助下逃走的。而那条浸过麻药的毛巾，就是他们作案的道具。古董店老板在帮助女客户从窗户逃走之后，他就从里面锁上窗户，然后用沾了麻醉药的毛巾放在自己的鼻子下，伪装成被女客户麻醉昏迷的样子，造成古董被抢的假象。

古董店老板在昏迷时，女佣第一时间扑到老板跟前，做出反复拍打以唤醒老板的假象，同时将带有剧毒的针头刺进了老板的右臂。而慌乱的布拉德只顾着寻找自己的古画，来不及留意这一细节。所以说，答案很简单，女佣和女客户才是真正的同伙。

冰激凌的秘密

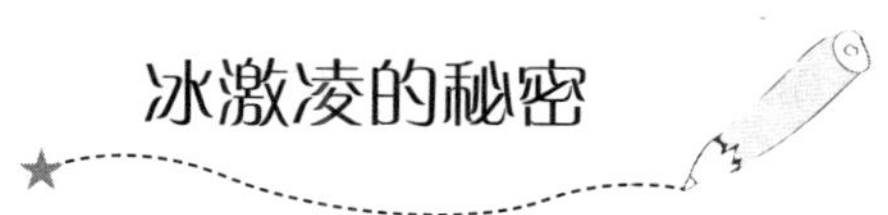

史密斯先生一家都很喜欢吃冰激凌，所以，史密斯先生每天吃完晚饭后都会开车去镇上的冰激凌商店购买冰激凌。在之前的每一次购买中都没有发生任何意外，但是，自从史密斯先生换了一辆新型号的轿车后，怪事就发生了。那就是，每当他去购买一种薰衣草口味的冰激凌时，回来时他的汽车就无法发动了；如果是买其他口味的冰激凌，汽车却没有任何问题，奇迹般地恢复好了。

史密斯先生认为这是汽车的问题，就投信给那家汽车公司。汽车公司的总经理看到这封信后也大为诧异，公司成立了十几年，这样的事还是头一次发生。因此，本着对顾客负责的态度，以及想一探究竟的好奇心，汽车公司的经理决定派出一位工程师前去看个究竟。

第二天，这位工程师就决定和史密斯先生做一次亲身体验，两人在晚饭后一起钻进汽车，开车到了商店。史密斯像往常一样下车去买薰衣草冰激凌，果然，当两人再次回到汽车上时，汽车有好几分钟时间都发动不起来。

接着，工程师又跟踪了三个晚上，当他们分别买牛奶冰激凌和巧克力冰激凌时，汽车都能顺利发动，而一旦买了薰衣草冰激凌，汽车就会再次出现故障。显然，买薰衣草冰激凌和汽车无法发动是有必然联系的，这是怎么一回事呢？难道是因为薰衣草冰激凌在店里最受欢迎的原因，可是也不应该啊！工程师在苦思冥想之后，突然意识到一种可能，他就去试验了一下，果然如此。

请问，你能知道汽车发动不起来和薰衣草口味的冰激凌有什么关系吗？

之所以发生这种现象，是因为史密斯先生的汽车发生了汽封现象。所谓汽封，就是当汽车熄火后，因为一部分汽油被汽化了，就阻碍了油箱里燃料的正常运行。只有在冷却了足够长的时间后，发动机才能恢复正常。这家冰激凌商店因为薰衣草口味的冰激凌最受欢迎，所以会摆在最外面的位置，这样的话，史密斯先生就能在很短的时间内拿到冰激凌。如此一来，汽车因为没有足够“休息”的时间，所以发动不起来。而其他的冰激凌则在商店里面，需要花时间去挑选、付账，时间够长，因此汽车可以顺利发动。

爆炸案失败的原因

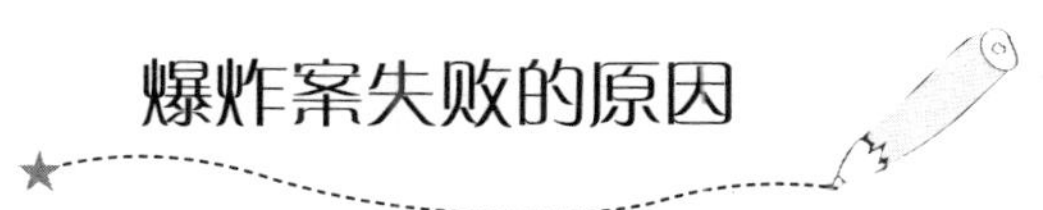

位于赤道附近的G国有一家谍报机构，里面有一位非常聪明且干练的间谍，代号为001。001虽然是个间谍，但他一般以在机场当机械师的身份来掩护自己，每天的具体工作就是为大型客机涂漆和进行客机的维修工作。

3月的一天，G国总理将乘专机出访日本，001接到谍报总部的密令，要他在总理归国前将其暗杀。001立即着手行动，他的计划是在飞机降落日本机场时就将其炸毁。为此，他想出了一个绝妙的爆炸方案：他将高性能的塑料炸药做成板状，仿照机翼上航徽的形状将其切好，然后再在上面涂上各种颜色，做成和航徽一样的外观，达到以假乱真的效果。由于油箱位于机翼处，因此只要炸弹一爆炸，油箱就会被引爆，整个飞机也将被炸毁。

至于炸药的电源开关，001将其安装在主起落架的缓冲装置上，飞机着陆时，巨大的冲力压缩主起落架的缓冲器，炸弹开关即可开启。考虑到开关与机翼的塑料炸弹用导电涂料代替电线相连接，为防止导电材料的电流泄漏到机体上，001还做了详细考察，在导电涂料的周围又涂了一些绝缘材料。将这些准备工作都做好后，001觉得自己这次制定的爆炸方案已经足够完美了，他相信，只要飞机一起飞，这架飞机就将无法再着陆了！因为着陆的同时，也就意味着炸弹的爆炸。

当天，专机载着G国总理直飞日本去了。当地各大电视台通过卫星接收到了专机抵达东京的情况，并给予了现场直播。间谍001的心情十分激动，他对着电视屏幕，看着这场由自己精心设计的爆炸案即将上演，心中充满了期待。然而，随着直播的进行，001逐渐变得不知所措，因为他看到电视里的专机很平稳地滑向跑道顺利着陆了！并未发生任何意外。这让间谍001十分不解，哪个环节出了问题呢？亲爱的读者朋友们，你们能告诉001是他哪里出错了吗？

001间谍身处热带国家，所以忘了气候的影响。要知道，3月份的日本正处于早春时节，温度很低，天空中说不定还会降着小雪。这样的话，飞机在雪中高速飞行，即使是柔软的雪花，也会像坚硬的砂子一样与机体发生摩擦，由于雪的摩擦，涂抹在机翼上的导电涂料像是被锉刀锉掉一样脱落了下来。所以，当飞机降落时，炸弹的开关虽然已经打开了，但是，连接炸弹的“电线”却已经失效了，炸弹自然未能起爆。

骗子惯用的伎俩

一天，邓布利多的老同学尤里斯突然造访，说自己急需要十万美元，希望邓布利多能借给他。邓布利多觉得这笔钱太多，不想借，但尤里斯对他百般殷勤，说尽了好话，邓布利多才不情愿地同意了，并要求尤里斯写下借条。尤里斯很爽快地答应了，拿出自己的钢笔，用蓝色墨水写下了一张借条，并发誓两个月后一定归还这笔钱。

结果，两个月过去了，尤里斯还没有来还钱，于是邓布利多就拿着借条去找他要钱。可是，当邓布利多打开那张纸条的时候，他傻眼了，因为那张纸条是一张白纸！

尤里斯看到邓布利多拿着白纸来，就哈哈大笑，还讥讽邓布利多是鬼迷心窍，妄想用一张白纸来糊弄他。邓布利多这才知道他上了尤里斯的当，这其中肯定有什么猫腻，气得不知道如何是好。后来，冷静下来的邓布利多就找来在警察局工作的另一位好朋友布鲁姆警察，让他来给想想办法。

布鲁姆听了邓布利多的述说后，又问了邓布利多一些详细情况："你借钱给尤里斯时，有没有第三个人在场？如果有的话，我们可以找那个人来作证。"

“没有，当时屋里就我们两人，我怎么会想到他来这手呢？”邓布利多委屈地说。

“这样吧，邓布利多，我相信你的为人，我把这张纸拿到化验科化验一下，如果是他在上面动了手脚，那就好说了。”布鲁姆安慰他道。

于是，布鲁姆就拿着这张纸去找警察局的化验师艾米丽，并将事情的原委告诉了艾米丽。艾米丽一听，就说：“不用化验了，这是那些骗子惯用的伎俩。”

请问，艾米丽所说的“骗子惯用的伎俩”是什么？

在化学中，淀粉遇碘会变蓝。根据这个原理，尤里斯在淀粉溶液中加入两三滴碘酒，制成假的“蓝墨水”灌进钢笔里，再用这支钢笔写借条。这样的话，在邓布利多看来，尤里斯确实在拿着钢笔写字。但是，淀粉与碘经化学反应生成的络合物并不稳定，极易分解。所以，用这种液体写出来的字，只用四五天的工夫就自动消失了。这样的话，两个月后才拿着欠条去找尤里斯要钱的邓布利多又怎么能不被骗呢？

到底有没有幽灵

在法国西南部的波尔多市，有一座中世纪留下来的古老城堡，大家都说里面藏着大量的珍宝。但是，却没有人敢去里面寻找这些珍宝，因为当地人都说这里面曾经出现过幽灵。

大富豪雷格不信这个邪，他花重金买下了这座古堡，觉得古堡的装修都太老化了，于是请来了几个工人，想对古堡的内部进行一番修整。

到了开工的那天，工人们集体走进古堡准备工作。由于古堡常年无人居住，早就没有了灯光，于是，工人们就走进前厅，计划点亮蜡烛、拉根电线照明。就在这时候，前厅的黑暗中突然蹿起了一个两米多高、浑身冒着火焰的黑色幽灵，只见“它”手持匕首，似乎要扑过来。工人们见此情景，都吓得转身就跑。

大富豪雷格知道了此事，也听闻没有工人肯为他再来干活，他就请来了自己的好朋友斯内普教授，一位富有冒险精神且不信邪的人前来帮助，想要弄清楚到底是怎么一回事。

斯内普欣然赴约，孤身一人来到古堡。斯内普走到漆黑的客厅中一动不动，就等待着幽灵的到来。果然，没过一会儿，就像工人们说得那样，斯内普看到一个手持匕首的幽灵在火光中出现了。但是，斯内普没有害怕地闭上眼睛，而是睁大眼睛盯着幽灵细看。斯内普好像看到了一个身穿宽大衣服的高个子男人，再仔细看时，斯内普就完全明白是怎么一回事了。只见他猛地抓起身边的一个斧头向前砸去，紧接着，只听"咣啷啷"一声，一阵玻璃破碎的声音传入耳中，幽灵随即消失不见了。

斯内普这才慢悠悠地从屋里走出来，并迅速与警方取得联系。没多久，警察就包围了古堡……不久，事情便真相大白了。你知道幽灵到底是怎么一回事吗？

☞ 答案

当然没有真的幽灵，这纯粹是一场阴谋。由于传闻这座古屋里藏有大量珍宝，一些人便妄图进去淘宝，而这座古堡已被出售，工人们要进去修整，为了使寻宝不受工人的干扰，躲在里面的寻宝者便假扮幽灵来吓唬人，以此使他人不敢贸然进去。有人进来时，一位寻宝者便站在椅子上，穿上宽大的袍子，营造出巨人的形象。然后，他用毛巾包起脸，全身涂上磷，由于磷的燃点很低，一般室温中也会燃烧，并发出蓝白色的火光，但磷火的温度不高，不会烧伤人，从而达到火光吓人的目的。那么，斧头砍过去为什么没有伤到他呢？这是因为古堡的客厅里有多面镜子，为了避免被伤到，寻宝者站在客厅楼梯转弯处的平台上，这样，他的形象便从镜子里反射出来了。

有趣的鞋印

爱德华、希尔顿和撒克逊是一家钢材公司的门卫，日子都不是很富裕。突然有一天，希尔顿兴高采烈地告诉爱德华和撒克逊，说他上周买的彩票中了头等奖，奖金竟高达50万美元！撒克逊知道了这个消息后，突然起了贪念，就想把这笔钱占为己有。于是，撒克逊费尽心思，想了一个好计谋。

三个月后，撒克逊趁着爱德华值班的时候，偷偷地潜入了希尔顿的家中，将其杀死，然后偷走了那50万美元。第二天早上，希尔顿的尸体就被人发现了，警察迅速来现场调查。警察发现，现场有很多混乱的鞋印。警察在经过调查取证后，得知这些鞋印来自爱德华。因为爱德华的脚有点跛，所以，他的鞋底被磨损的状况也有些特别，留在地上的鞋印也就与众不同。当警察将爱德华的脚印和现场留下的鞋印经过比对后，发现两者完全吻合。而且，爱德华的鞋底也沾有现场的泥土。于是，警方很快逮捕了他，并控告他谋杀了希尔顿。

爱德华不承认是自己杀害了希尔顿，一直说自己是冤枉的。爱德华对警察说：“警官，我这双鞋子是三个月前买的，我每天都穿着它上班。案发当天，我正在公司里值班，未离开半步，怎么会去杀人呢？”

警察问道：“那有人给你作证吗？”

爱德华苦恼地回答说：“没有，当天值班的就我一个人。我见没什么事，就偷偷去睡懒觉了。”

警察继续问道：“那你睡觉的时候是穿着这双鞋子吗？”

“是的。就算我不穿，我也把这双鞋子放在了值班室里，所以没有人能将其偷走。”爱德华无奈地说。

警察说道：“都没有人动过这双鞋，你不是凶手谁还是凶手呢？认罪吧！”

“可是，我真的不是凶手啊！”爱德华绝望地哭诉道。

亲爱的读者朋友们，你们能帮助爱德华洗清冤屈吗？你们知道撒克逊是用什么办法，在现场留下了与爱德华相同的鞋印的吗？

原来，早在三个月前，撒克逊得知希尔顿中奖的消息后，他就有了做坏事的念头。刚巧，这个时候爱德华买了一双鞋，

于是，撒克逊也买了一双一模一样的鞋子。撒克逊趁爱德华不注意，每隔一天就将这双鞋子换给他穿。由于这两双鞋是轮流穿的，所以鞋子的磨损状况是相同的。案发当日，撒克逊穿着其中一双鞋子偷偷溜到希尔顿家里，趁其不备将他杀死，又故意在院子里留下脚印。第二天，他又将这双鞋子与爱德华的那双鞋对调，并将自己的鞋子丢弃，从而毁灭了作案证据。

人是怎么死的

史密斯夫人喜欢在饭后去自家的后花园散步消食，但她没想到，有一天后花园竟然发生了一件可怕的事情！

那天，史密斯夫人像往常一样在花园中散步，结果，她刚走了不到百余步，便惊叫了起来。原来，在她家花园后面的大树下，竟然躺着一具男尸！史密斯夫人吓坏了，慌忙报了警。接到报警后，FBI 警长柯西多就带领着各位警员立即赶到了案发现场。

在经过了现场的调查后，死者马上被送报尸检了。经法医初步鉴定：死者因头部遭受猛烈撞击而死。从发现死者时的位置来看，死者很有可能是从树上掉落下来，头部着地而死。而现实的场景也在一步步印证着这样的推测。

柯西多在大树底下，发现了死者生前穿的橡胶拖鞋，树干上也沾着一些血迹和人爬过的痕迹，另外，警员们在死者的脚底，发现了一些从脚趾到脚跟的直线形伤痕，似乎是被树皮一类的东西刮伤的。因此，法医初步断定，死者是想通过爬树越过院墙，但不幸被树皮刮伤脚部，因疼痛难忍，失足坠地而死。但是，身为 FBI 警长的柯西多却不这么认为，在他看来，死者是死于谋杀。当法医听完柯西多的分析后，也深表同意。

那么，柯西多的判断依据是什么呢？

按照法医的判定，死者系脚底被树皮刮伤，疼痛难忍而坠地身亡，但按常理来说，伤痕应该是横纹，怎么可能呈直线形的呢？为此，他们还专门做了演示，并证明事实确非如此。

因此，柯西多推断，死者是被凶手用钝器击打头部致死，路易斯夫人的后花园并不是真正的案发现场，死者应该是先被凶手杀死，然后运到这里来的，而大树上的血迹以及人爬过的痕迹，皆是凶手用来迷惑警察而制造的假象。为证明这一推断，柯西多又征调警力，调查死者生前的仇人，果真查到了凶手。因此，在侦查和推断事物真相时，一定不要被它的表象迷惑。

辨别真伪牧师

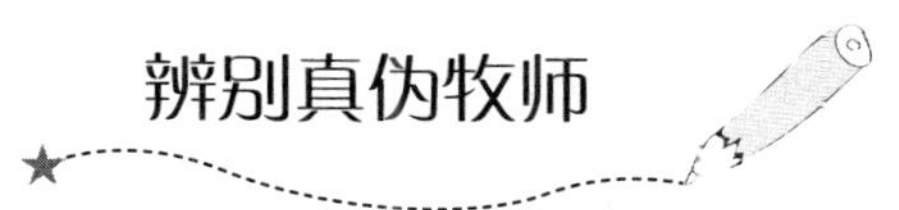

白瑞德是霍格沃茨监狱的一名看守。一天，他气喘吁吁地跑来对警官史瑞克说："真糟糕！格兰芬多在下班时留下了一张便条，说他昨晚下班时抓获了两个打扮成牧师模样的罪犯，这两个人一个是小偷，一个是诈骗公司的老A。可是，今天早上我去巡查时，却发现三个牢房里关着的都是牧师打扮的人。我想，牧师应该是在来监狱探望这两个家伙时被不小心关进去的。可我实在分不清哪个是真正的牧师了。你得帮帮我啊！"

"别着急，待我来问问他们。你要知道，真正的牧师可是会讲真话的。"警官史瑞克劝白瑞德保持冷静。

"可假如问到的那个人正好是诈骗公司的老A呢？他是天生的谎言家，从来不说一句真话。而那个小偷是个见钱眼开的势利鬼，说不说真话要看情况是否对他有利。"白瑞德苦闷地说道。

白瑞德和史瑞克说着话，就已经来到了牢房里。

聪明的史瑞克先问关在1号牢房里的"牧师"："请问你是什么人？"

对方回答道："我是一个小偷。"

史瑞克再走到 2 号牢房门前，问关在里面的“牧师”：“关在 1 号牢房里的人是谁？”

这个“牧师”回答说：“他是诈骗公司的老 A。”

史瑞克又问 3 号牢房里的“牧师”：“你说关在 1 号牢房里的人是谁？”

“他是一个牧师。”

问完这三个问题，史瑞克笑着对白瑞德说：“结果已经出来了，你可以释放那个真正的牧师了。”

请问，史瑞克是如何判断出三个牢房里的真正牧师的呢？

因为牧师说的话都是真话，所以根据 1 号牢房里的人的话来看，他不是牧师。既然 1 号牢房里的人不是牧师，那么，3 号牢房里的人说的就一定是谎话了，从而判定他也不是牧师。既然 1 号牢房和 3 号牢房里的人都不是牧师，那么，2 号牢房里的人就是牧师。根据牧师说的真话判定 1 号牢房为诈骗公司的老 A，3 号牢房为小偷。

Part 5

分析思维：抽丝剥茧，认清本质

所谓分析思维，是指经过一番抽丝剥茧般的调查工作，再进行仔细地研究、逐步地分析，最后认清本质，得出一个明确的结论。

分析思维是每人在生活、学习、工作中都不可规避的一个思维活动，可以帮我们分析问题、解决矛盾、寻求对策。哪怕大家出去逛个街，都要想一下逛街路线是什么。所以，分析思维是非常重要的。这一章我们就来通过一些试题来发现分析思维中的规律和逻辑，以便我们能提升分析能力并更好地运用它。

新几内亚的家庭餐

在新几内亚，人人都有吃蜥蜴蛋的习惯。现在，有一家新几内亚的家庭，全家有四口人，都非常喜欢吃水煮的蜥蜴蛋和热汤。然而，有趣的是，这家人每个人喜欢煮蛋的成熟度不同，喜欢喝的汤煮的时间长短也不同。

如果这家人聚在了一起吃水煮的蜥蜴蛋、喝蛋汤的话，那么，父亲要吃 5 个煮 7 分钟的蛋，喝一份煮 3 分钟的汤；而母亲要吃 3 个煮 8 分钟的蛋，喝煮 7 分钟的汤；儿子要吃 5 个煮 10 分钟的蛋，喝煮 10 分钟的汤；而女儿要吃 2 个煮 15 分钟的蛋，喝煮 2 分钟的汤。如果这户人家只有一口锅，那么，我们应该怎么做，才能做出完全符合全家人需要的食物呢？总共需要花多长时间呢？

答案

只需要 15 分钟就可以了。因为这家人全部所需的蜥蜴蛋是 15 个，可以先把这些蛋一起放入锅中的蛋汤里煮，然后到了各人所希望的时间，就分别将蜥蜴蛋取出来，分别夹取蛋和舀汤汁食用即可。直到女儿最后吃上她煮的 15 分钟的蛋就可以了。

新警察故事

警察甲有两个姐姐，分别是警察乙和律师 A，警察甲的女朋友是律师 B，律师 B 有两个哥哥，分别是警察丙和律师 C。现在已知，这六个人中，有一个人杀死了另外五个人中的一个，且凶手和死者之间满足如下条件：

（1）如果被害者和凶手是亲戚，那么凶手一定是男性；

（2）如果两者不是亲戚关系，那么凶手一定是警察；

（3）如果凶手和被害者职业相同，那么被害者一定是男性；

（4）如果凶手和被害者的职业不同，那么被害者一定是女性；

（5）如果凶手和被害者的性别相同，那么凶手一定是律师；

（6）如果凶手和被害者性别不同，那么被害者一定是警察。

请问，凶手和死者分别是谁？

首先，我们来理顺题目中的已知条件，警察甲和警察丙为男性，警察乙为女性，律师 A 和律师 B 为女性，律师 C 为男性。那么，满足条件（1）的情况有两种：第一，凶手为警察

甲，死者为警察乙或律师A；第二，凶手为警察丙和律师C，死者为律师B。假设凶手是警察甲，由条件（3）知，死者不可能是警察乙，但根据条件（6）可知，死者亦不可能是律师A，所以假设不成立。再假设凶手是警察丙，死者是律师B，这下虽然满足了条件（4），但并不满足条件（6），假设也不成立。同样的道理，如果凶手是律师C，那么死者为律师B的情况也不成立。由此，我们可以得到结论：凶手和死者一定不是亲戚。

既然凶手和死者不是亲戚，那么，就满足了条件（2），可以得出以下三种情况：第一，凶手是警察甲，死者是警察丙、律师B或律师C；第二，凶手是警察乙，死者是警察丙、律师B或律师C；第三，凶手是警察丙，死者是警察甲、警察乙或律师A。上述三种情况中，第一种情况不满足条件（5）、（6），第二种情况中，凶手是警察乙，死者是律师B不满足条件（5），所以都不成立，只有当死者是警察丙时，条件才成立。综上可知，凶手是警察乙，死者是警察丙。

聚餐的时间

有七个年轻人，他们是好朋友，都喜欢同一家餐厅的食物。但是，与其他朋友聚会不一样的是，他们约定，每个人每周都会到同一个餐厅去吃饭，而他们每个人去餐厅的次数都不能相同，时间也不能一样。其中，科波菲尔每天都去，希拉里隔一天去一次，东野圭每隔两天去一次，马里奥每隔三天去一次，丹尼斯每隔四天去一次，特伦斯每隔五天去一次，次数最少的是奥利弗，他每隔六天才去一次。然后他们就等着七个人一起偶遇的日子。

就在昨天，也就是 2 月 29 日这一天，他们又一次愉快地在餐厅碰面了。七个人有说有笑，憧憬着下一次碰面时的情景。

请问，他们下一次相聚在这个餐厅是在什么时候？

七个人要隔许多天才能在餐厅里相聚一次，相隔天数加 1 需能被 1 ~ 7 之间的所有自然数整除。1 ~ 7 之间的所有自然数的最小公倍数是 420，也就是说，他们每隔 419 天才能在餐厅相聚一次。因为这一次聚会是在 2 月 29 日，可知这一年是闰年，那么第二年2月份就只有28天，由此可推，他们下一次相聚是在第二年的4月24日。

如何发的财

甲、乙两个相邻的国家边界接壤，它们都是以元作为各自的货币单位，但两国发行的纸币及硬币图案又各不相同。

某一段时间，由于两国外交上发生了一些不愉快的问题，甲国政府突然发布告示：“从今以后，乙国的1元在我国只能当作90分使用。”乙国政府得知这一情况后，不甘示弱，也在第一时间做出反应，发出告示：“从今以后，甲国的1元在我国也只能当作90分使用。”

住在乙国边境附近的一位男子得知这两个一样的布告后，却欢喜雀跃地跳起来。他对家人说他要着手策划一下，不久他就可以发财了。

你知道这位男子究竟是怎么策划发财的吗？

答案

那个男子先到甲国买10元的东西，用甲国100元的纸币付钱。找钱时要求找乙国的钱币，这样一来拿到乙国的100元返回。紧接着又用这100元的乙国纸币在乙国如法炮制，还是买10元的东西，得到相当于乙国90元的甲国百元纸币后，再拿着它又到甲国去……如此这般地买下去就赚到了中间的差价。

诚实与虚伪的交锋

一天，诚实族和说谎族长老们聚在一起开长老会，他们也邀请了拥有大智慧的苏格拉底来参加会议。然而苏格拉底因为临时有事而没有及时到会，于是这些长老们就先开起了会。

在会上，长老们几经争执，选出了会议主持和副主持后，大家就纷纷坐在一张圆桌周围开始讨论这次的会议内容了。其中，主持和副主持是并肩而坐的。

苏格拉底办完事后，急急忙忙地赶到了会场，却发现会议已接近尾声了。苏格拉底想了解各位长老都是什么族的，于是就对他们一一进行了询问，结果这些人都说自己是诚实族的。听到这样的回答，苏格拉底发现自己问的问题实在好笑，因为诚实族的人一定回答自己是诚实族的，而说谎族的人因为要说谎，也不会说自己是说谎族的。

想到这里，苏格拉底又对他们逐一问了一个问题："坐在你左边的人是什么族的？"结果，每人的回答仍然一样，都说："我左边的人是说谎族的。"苏格拉底非常失望，只好将这次调查作罢。

过了几天，苏格拉底忽然想到当时未曾注意出席会议的人数是多少，于是他又找到了会议主持，问当时出席会议的人数，主持说："出席会议的总共 41 人。"但苏格拉底想，会议主持不一定是诚实族的，于是他又去问了开会时紧挨着主席坐的会议副主持，副主持说："当时出席会议的总共是 48 人。"

主持和副主持说的人数不同，苏格拉底究竟应该相信谁呢？出席会议的究竟有多少人，你能做出回答吗？

苏格拉底已知在座的人都说自己左边的人是说谎族的，因而在座的人数必为偶数，而且诚实族的人与说谎族的人的座位是交替的。既知出席人数为偶数，那么主持和副主持说会议人数分别为 41 和 48 人，说出席人数为 41 人的会议主持就是说谎族的了，那么，与他相邻的副主持自然就是诚实族的。

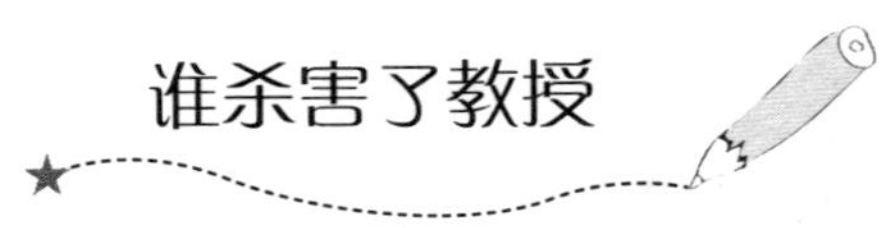

谁杀害了教授

荷鲁斯教授是医学界中一位炙手可热的大人物，尤其是最近，他新发明的一种药轰动了整个医学界。

一天，警察汤姆斯却接到了荷鲁斯教授的电话：“我是荷鲁斯，请您马上到我办公室来一下。”

汤姆斯警官听闻荷鲁斯的语气十分严肃，就猜测一定是发生了什么大事，于是放下了手头的工作，快速地赶到荷鲁斯的办公室。然而，等汤姆斯警官到荷鲁斯的办公室后，却发现办公室中的文件柜的抽屉也是开着的，纸片还撕了一地。汤姆斯觉得一定是出事了！他看看房间里的火炉，上面的水壶已经烧开了，正在“咕嘟咕嘟”冒着热气。这时，汤姆斯警官看到蹲在地板上整理文件的荷鲁斯教授，就询问他出了什么事情。荷鲁斯教授站起来说道："今天中午，我刚回到办公室，就看到文件柜的门被打开了，我所有的资料都散了一地。最重要的是，我那份新药的机密文件不见了！"

汤姆斯说道："我看小偷一定是冲机密资料来的，你觉得谁最值得怀疑呢？"

荷鲁斯教授想要回答什么，却欲言又止。恰在这时，跟在一旁整理文件的秘书起身提起火炉上的水壶，给探长和教授沏了杯咖啡，把水壶放回炉上便离开了。教授见秘书走了，悄悄地对汤姆斯说："我有些怀疑她。""好的，我去跟你的秘书聊聊，也许能问出些什么东西来。"汤姆斯警官答道。

汤姆斯警官来到秘书的办公室，同她聊了一些事情，询问了她一些情况，却没感觉这个秘书有什么异常，所以他就出来了。就在汤姆斯往荷鲁斯教授的房间走去的路上，他听到教授的办公室发出一声惨叫，于是他叫上秘书一起赶快跑了过去。

到了荷鲁斯教授的办公室，汤姆斯警官发现荷鲁斯教授倒在了椅子旁，已经停止了呼吸！经过法医检查，得知教授是后颈部中毒针而死的。可是，凶手是怎么在这么短时间内害死教授的呢？凶手到底会是谁呢？

凶手就是教授的秘书。秘书先盗窃了机密资料，受到了教授的怀疑，所以，她在给探长和教授沏了咖啡后，就用软木塞

堵住了水壶嘴，并将毒针插到了软木塞上面。然后，秘书继续将水壶放在火炉上，就出来了。几分钟后，水开了会产生蒸汽，会将软木塞推了出来，由于秘书清楚教授的习惯并算准了时机与角度，毒针便刺中了教授的后颈。

分析谁是间谍

二战期间，西班牙始终保持中立，并在首都马德里设立了一家酒店，专门供战争双方的间谍居住。同时，马德里的警察署也会派便衣警察秘密监视这家酒店及入住人员。以下是某天夜晚，一位便衣警察了解到的各客房的人员分布情况，你能从如下信息中找到被间谍占用的房间情况以及他们分别为哪个间谍机构工作吗？

已知线索是：

（1）这几名间谍分别是卫斯理、汉克斯、海明威、杰克威尔、马尔斯、阿喀琉斯；

（2）这几家间谍机构分别是 V9、FJC、DUY、HHH、BOO、WSA；

（3）美国 DUY 间谍的房间在汉克斯先生的正对面，两者房间号是挨着的，后者的房间号要比马尔斯先生的房间小 2；

（4）6 号房间的英国 BOO 间谍不是海明威；

（5）日本的那家间谍机构 V9 的间谍行动要非常小心，因为房间 2、3、6 里的人都认识他；

（6）杰克威尔先生的房间号要比苏联 FJC 间谍的房间号大 2；

（7）法国 WSA 间谍的房间位于阿喀琉斯和德国 HHH 间谍的房间中间，德国 HHH 间谍的房间号是三者中房间号最大的。

根据便衣警察提供的线索，可先找问题的突破口，由于 6 号房间住着的是英国 BOO 间谍，所以线索（7）中所说德国 HHH 间谍的房间号应是 5 号。法国 WSA 间谍在 3 号房间，阿喀琉斯在 1 号房间。由于间谍汉克斯不在 1 号房间，美国 DUY 就不会在 2 号房间，根据线索（5），2 号房间的间谍不可能来自 V9，那么他只能是 FJC 的间谍。据线索（6）可知，杰克威尔先生的房间是 4 号，据线索（3）知，马尔斯不可能在 3 号房间，也不可能在 2 号房间，因为汉克斯不在 4 号房间，所以，马尔斯也不可能在 6 号房间，他只能在 5 号房间。由此，汉克斯在 3 号房间，美国 DUY 间谍在 4 号房间。6 号房间的 BOO 间谍不是海明威，则肯定是卫斯理，剩下的海明威一定是 2 号房间的 FJC 间谍。最终，通过排除法可确定，1 号房间的阿喀琉斯是 V9 的间谍。

因此，总的答案为：

1 号房间，阿喀琉斯，V9；

2号房间，海明威，FJC；

3号房间，汉克斯，WSA；

4号房间，杰克威尔，DUY；

5号房间，马尔斯，HHH；

6号房间，卫斯理，BOO。

密室的开关到底在哪里

有人报警说市中心一位画家所在的寓所遭遇了抢劫，警方在接到报案后，就立即赶到了现场。

警察刚刚走进大厅，就听到远处传来了一阵疼痛的呻吟声。警察们循着声音过去查看，结果发现了身负重伤、倒在地上的画家比加斯。比加斯看到警察赶来了，就伸出右手，吃力地指向床底，并发出微弱的声音："快……地道……"

警察循着比加斯的手指所指的方向看过去，发现那里有一块木板，心想下面可能就有地道，作案人大概就是从这里逃出去的。但是，在经过一番搜查后，警方并未在下面找到地道的开关。就在这时，画家比加斯又开始用微弱的声音说道："……开关……掀……米勒……”然而，还没等比加斯说完，他就断气了。

警察反复琢磨着比加斯最后一句话的意思，然后环顾四周，发现了房间的墙壁上贴着一幅米勒的画像，旁边还有一架钢琴。所以，警察们灵机一动，想到开关是不是有可能藏在米勒画像的后面呢？但是，当他们将这幅画掀开后，却仍未找到开关。

亲爱的读者们，你们知道开关到底设在哪里了吗？

比加斯临死前所说的“……开关……掀……米勒……”这几个字，并不是指掀开米勒的画像，而是指掀开钢琴盖。“米”“勒”分别代指按键的两个音符“3”和“6”，按下这两个键后，地道的门自然就打开了。

识破谎言的拿破仑

一次战役中，有人向拿破仑报告，军需官渥伦斯基接受了葡萄牙人的贿赂，给几个重要据点的士兵提供的军需品数量不符合要求。

拿破仑听到这个消息愤怒无比，他说道：“我的军队中是不可能有叛军的，但如果真让我抓到的话，我一定会让他死得很惨。”说完，拿破仑马上差人将渥伦斯基找来，要亲自将这件事调查清楚。

“尊敬的统帅，我怎么敢那样做呢？这一定是有人要陷害我！”渥伦斯基一把鼻涕一把泪地继续说道，“再说了，我跟随您这么多年，您知道，我绝对不是那种吃里爬外的人。我平时负责分发步枪手和霰弹手的子弹。步枪手用的子弹是 1 发和 10 发两种包装的，霰弹手用的子弹是 10 发和 100 发两种包装的。我们有 200 个火力点，每个火力点需要配备整整 10000 发子弹，我在配发时给每个火力点各配 60 种不同包装的子弹，这些子弹的总数正好就是 10000 发，这可从来没供错过，您可要明察啊！”

拿破仑听完渥伦斯基的叙述，稍微思考了一下，就对旁边的随从说道：“如果渥伦斯基真是这么配发子弹的话，那么，他即使没有徇私舞弊，至少也不是个合格的军需官。所以，我要请他离职。”

请问，拿破仑为什么这么说呢？

因为子弹的包装共分 1、10、100 三种，这三种无论哪种都是 9 的倍数加 1。所以，这 60 袋子弹无论怎么组合，它的总数一定是：（9 的倍数 +1）+（9 的倍数 +1）+（9 的倍数 +1）……=9 的倍数 +60。而 10000−60=9940，9940 是不可能被 9 整除的。所以，子弹不可能正好是 10000 发。所以，拿破仑觉得，这个军需官如果不是徇私舞弊的话，那么就是个糊涂蛋，不适合做军需官的工作。

这个交易是公平的吗

有一个人开了一家炒货店，专门卖炒花生米，生意极好。有一天，这家炒货店的天平秤坏了，两臂不等长了。可是店主来不及去买新的秤，就想出了一个称东西的办法：当客人来买花生米的时候，店主把一半花生米放在右边的盘子里，然后在左边的盘里添加砝码，等天平平衡以后，就称出了一个斤数；接着，店主再把另一半花生米放在左边的盘里，而在右边的盘里添加砝码，也称出一个斤数，然后把两个数字相加，即作为花生米的斤数，向顾客收钱。店主觉得自己这样做可以做到“公平交易，老少无欺”。

然而，有一个挑剔的顾客提出了一种新办法。他准备买 1 千克花生米，他要先把 0.5 千克重的砝码放在右盘里，而在左盘里不断添加花生米，使得天平平衡。再把 0.5 千克重的砝码放在左盘里而在右盘里不断加花生米，也使得天平平衡。然后把这两次称出来的花生米装起来，就是他要的重量了。

猛一看上去这两种称法是一样的，但其实并不对。现在请你自己分析一下：用这两种称法，究竟能否做到公平交易呢？假使做不到的话，那么哪一种办法是店主占了便宜？哪一种办法是顾客占了便宜？

答案

假设天平左右两臂的长度分别是 a 和 b，而且 a 不等于 b，那么，按照店主的称法（用砝码去称花生米），先把 0.5 千克花生米放在右面的盘里，则根据天平平衡的条件，左面盘里砝码的重必定是 0.5b/a 千克，这是由于 1×b=a×b/a 的缘故。

同理可知，店主把 0.5 千克花生米放在左面的盘里，则右盘砝码的重必定是 0.5a/b 千克，所以砝码所表示的数是 0.5×(b/a+a/b)。但根据不等式原理，当 a 与 b 不相等时，必有 0.5×(b/a+a/b)>1。这意味着，砝码所表示的重超过店主实际出售的花生米重，则店主占了便宜。反过来，按照顾客的称法（用花生米去迁就砝码），店主实际售给顾客的花生米不止 1 千克，因此这种称法是店主吃了亏。

Part 6

比较思维：对比分析，真理自现

人有高矮胖瘦，物有高低长短。正是因为每个事物都有不同，我们才能够正确认识它们，看清它们的本质。试想，如果没有比较思维，爱因斯坦又是如何发现光电效应的不同并成功解释它呢？所以，在很多情况下，比较不同就能够发现别人发现不了的问题，从而找出线索，发现真相。

皮箱和金表的共同点

民国时期，因为香港是英国的殖民地，导致英国人在此处飞扬跋扈，嚣张不已。

有一次，一个英国商人和香港的一位皮箱制造厂的厂主签订了一批皮箱的合同。但是，当香港皮箱制造厂的厂主按照合同规定按时交货之后，这个狡诈的英国商人却以厂主给自己的皮箱上有不是皮的材料为借口，状告皮箱厂主有欺诈的行为，并要求对方赔偿自己的损失。

皮箱厂主非常生气，心中十分窝火。他当然知道这是英国商人在故意为难自己，所以他没有忍气吞声，而是找来了当时非常著名的大律师来为自己打这场官司。律师听完事情的原委后，表示自己绝对能打赢这场官司，还能让对方赔厂主一笔钱。厂主疑惑，什么办法这么神奇？律师笑了笑拿出一块金表来，说道："想要打赢这场官司，可得全靠它。"

结果，律师果真凭借着出众的口才以及那块金表，有理有据地打赢了这场官司，并且让那个狡诈的英国商人赔了厂主 1000 元钱。

请问，律师是如何打赢这场官司的呢？

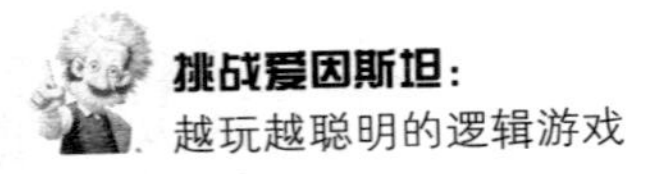

律师所用的方法很简单，就是做对比。律师在法庭上以金表为例，和皮箱做比较。众所周知，金表虽然名为“金表”，但是，它只有外表是金的，内部的所有结构和构件并不是金的。可是，却没有人怀疑这不是块金表。同样的，皮箱厂生产的皮箱外部是皮的，里面也有不是皮的材料，但你不能说这皮箱就不是皮的。所以，根据金表的情况，律师说皮箱厂生产的皮箱的确是皮箱，狡诈的英国商人在强有力的证据下自然无话可说，只能乖乖认罚。

火灾的秘密

密歇根南部的一片森林着火了。消防员接到电话，在努力了一天两夜后终于扑灭了这场火。事实上，如果不是有一条清澈的小河流经这片森林，消防人员根本无法如此迅速地扑灭这场大火，后果也就更加不堪设想。

接着，警察来调查火灾发生的原因。护林员举报说是一个名叫谢尔顿的人造成的火灾。当警察问护林员有什么证据的时候，护林员说入林名单上有记载，谢尔顿是这几天来唯一一个进入森林的人。

警察也看到了护林员所说的入林名单，确实，“谢尔顿”的名字在偌大的登记簿上显得那么刺眼夺目，说他与火灾没有一丝关系任谁都不信。所以，警察就把谢尔顿带走了。但是谢尔顿却否认了护林员的指控，还说自己只是来野游的，不小心和队友走散了而已。而且，谢尔顿还说他身上除了一个水壶和一件透明的雨衣外，就没有任何东西了，怎么可能点火呢？

关于这点，护林员也承认自己是在出其不意的时候控制住谢尔顿的，如果说他身上有燃火用的工具的话，也没有时间扔掉。谢尔顿听到护林员这样说，就更加相信自己很快就会被释放了，所以愈发有恃无恐。谁知，警方还是找到了证据证明他可能与这场纵火案有直接的关系。谢尔顿欲哭无泪，不知道是哪个环节出了问题。他始终不明白，就自己身上的这些东西，警察怎么会觉得他是纵火犯呢？

请问，你知道谢尔顿是用什么纵火的吗？警方给出的所谓证据又是什么呢？

根据物理上光的折射原理，太阳光穿过放大镜等介质时，所汇聚的光线能够加热物品。这是因为放大镜是凸透镜，能聚焦成像。与之类似，当水变成凸透镜的形状的时候，也是可以起到汇聚光线的作用的。谢尔顿正是利用透明雨衣，把河水变成了“凸透镜”，用这种方式聚光取火。只是他怎么也没有想到，就是这个行为酿成了森林大火。

与众不同的随身物品

霓虹闪烁的酒吧里，有三个男子坐在一张桌子旁一边喝着香槟一边谈笑风生。突然，酒吧内的灯光熄灭了，到处一片漆黑，原来是停电了。老板马上命人点燃蜡烛，人们继续喝酒交谈。就在这时，这张桌上的一名男子忽然惨叫一声，倒在地上气绝身亡了。酒吧老板见此情景，也差点儿吓晕了，他马上维持秩序，不让人走动，也不准任何人离开，并迅速报了警。

随后，大侦探洛克比赶来了，他仔细检查死者的酒杯，发现酒杯里含有一种烈性的液体毒药，这种毒药毒性极强，只要有一丁点儿进入了人的食道就可能让人毙命。确定了这点，洛克比又去询问酒吧老板问题。

“这次停电你们事先知道吗？”洛克比问酒吧老板。

“知道，所以我们提前准备了很多蜡烛。”

“如此看来，凶手也是有备而来了。他知道要停电，所以事先准备了毒药，趁停电的瞬间将毒药投到死者的酒杯中。”洛克比分析完后，问清了案发时间，又察看这张桌子与其他桌子的距离，还仔细检查了地面。洛克比在地上没有发现任何可疑的物品，便断定凶手是和死者同桌的人，否则不可能在一瞬间作案。

于是，洛克比要求同桌的其他两名男子交出他们身上携带的所有物品。只见甲掏出的是手表、香烟、手帕、现金和火柴，乙掏出的是口香糖、手表、金笔、手帕、笔记本和现金。当时围观的人看了，心想这能看出什么呢？但是洛克比却直接指着乙说：“你就是凶手！”

请问，洛克比为什么要这么说呢？

首先，洛克比确定死者中了液体毒药的毒，那么，一定是有人在死者酒杯里投了毒；其次，能够在一瞬间投毒的人必定携带着盛装毒药的东西，而干净的地面说明这样东西仍在凶手身上。综上可知，能够盛装液体毒药的一定是某种可以当作容器的物品，显然，只有乙身上的金笔符合条件。所以，洛克比认为乙是将毒液藏在了金笔的软囊里，然后趁停电的时候将毒液注入了死者的杯中，害死了死者。

男扮女装的罪犯

希尔顿大酒店是一家五星级豪华大酒店，是上流社会人士喜欢聚集的地方。而希尔顿酒店的安保工作也做得很好，非常重视这些尊贵客人的安全问题，力求将所有的危险消灭在萌芽状态。

一天，勃朗特探长为了追踪一名嫌疑人来到了这家酒店，但他却把人跟丢了。勃朗特知道这个人就在酒店内，他需要快速将对方找到并抓获，不然夜长梦多。勃朗特在经过四下查探后，发现了一位行踪非常可疑的女士。

这位女士看起来打扮得十分入时，举止得体，但凭勃朗特多年的查案经验来看，他总觉得有哪里不对。联想到最近警局通报的有罪犯男扮女装四处诈骗客人的案件，勃朗特的心里一惊。但仅凭怀疑勃朗特还不敢贸然行事，而且这是在希尔顿酒店，如果他贸然行事的话，很可能被酒店的保安给扔出去。所以，勃朗特就想了一个办法。他找来一位服务生，对他耳语了几句。

过了一会儿，这位服务生便朝那位女士走过去，非常高兴地对女士说道："恭喜您！您的座位被我们抽中为活动获奖席位，这两杯85年的拉菲红酒是赠送给您的。请问，您是一个人吗？如果您是一个人的话，这么美丽的小姐没有人陪实在太可惜了，我是否可以和您共饮一杯呢？”

可能是这位女士见这名服务生长得帅气，还彬彬有礼，就同意了。于是，服务生同这位女士举起了酒杯。酒很快就喝完了，女士看起来很爱喝这种酒，喝得很投入，以至于杯口处都沾上了她的唇膏印。

站在一旁偷偷观察的勃朗特探长在注意到这个细节之后，马上确定了自己的判断，并迅速叫来了警察。结果，这个人真是那个男扮女装的罪犯。

那么，勃朗特探长是怎么看出来的呢？

能够来到希尔顿大酒店的客人在礼仪教养方面的水准一定都是很高的，而这样的女客人不可能不知道在饮酒的时候需要注意不让唇膏印在杯口处。勃朗特探长经过观察，发现了这位女士在举止方面的怪异表现后，就推断出这个人可能是男扮女装，才露出了这样的马脚。要知道，行为可以模仿，外表可以装扮，但礼仪教养却是需要长时间才能养成的。

细小的不同现真理

克洛夫热衷于收藏世界名画，前不久，他花重金收集到法国画家波顿先生的一幅肖像画，爱不释手。巧的是，克洛夫的好友文森特也非常喜爱这幅画，却没有拍到手，所以，文森特笑嘻嘻地对克洛夫说："这么好的东西放在家里，你不怕被人偷去吗？"

"哈哈，我的老伙计，你不用担心，我已经买了保险了。"克洛夫笑着回答道。

几天后的一个晚上，克洛夫的另一位好友鲁滨孙探长从他家门口经过。突然，鲁滨孙发现一辆小车悄悄地开到了克洛夫家的后门，接着，一个穿戴整齐的人神色慌张地从里面走出来，塞给司机一个长筒形的东西后，这辆汽车迅速地消失在夜色里。前后不到三十秒的交接，看来是预先有安排的。鲁滨孙顿时觉得情况不妙，于是快步冲到克洛夫家门前，敲门进去。

鲁滨孙上楼后看到克洛夫站在散乱的床边，右脚插在裤腿里，左脚还在外面。"我听见外面有脚步声，正要穿衣服出去看看。"克洛夫有点儿惊慌，问道："是发生什么事了吗？"

"你家可能失窃了。"鲁滨孙回答道。

克洛夫大吃一惊，马上穿好裤子，冲到自己的珍宝室。“啊，真的失窃了，那幅波顿的名画没了。”克洛夫万分沮丧，“我要把它找回来。”

鲁滨孙望着这位朋友说道：“别装了，是你自己拿出去的。”

请问，鲁滨孙为什么这么说呢？

从生活中的习惯来看，如果是一个惯用右手的人，脱裤子时通常会先脱左腿。但是，当鲁滨孙走进克洛夫的卧室时，却发现克洛夫的右腿在裤腿里，而左腿在外面，这说明他当时正在脱裤子，不像他说的在穿裤子。所以，鲁滨孙推断克洛夫就是凶手，他为了获得保险赔偿，而自己设计了这出偷盗案。

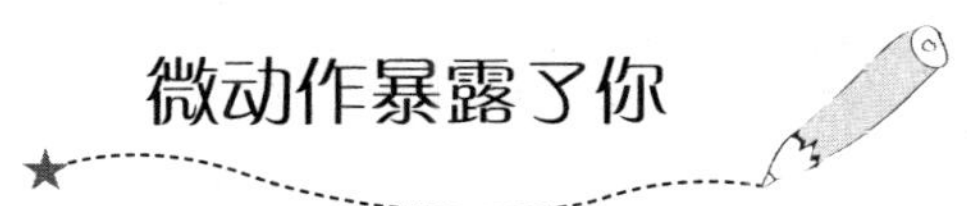

微动作暴露了你

孙大空和朱三帅是一对好朋友，因为他们都喜欢野外探险，所以经常相约出游。

有一次，孙大空和朱三帅相约沿着一条河流去旅行。但这趟旅行最终以朱三帅的意外坠亡而收尾了。当警察到达现场的时候，孙大空正坐在一块大石头上哭泣。由于孙大空非常伤心，一点食欲都没有，所以，锅里的食物尽管已经煮好了，孙大空却没有吃，任凭锅灶下面的柴火继续燃烧，煮沸着这一锅鲜香四溢的野味。

警察让孙大空详细描述当时的情形。孙大空伤心地说道："事情很简单：我们两个人走完一天的路都很累了，刚刚要在一个相对平整的地面上支起帐篷，煮上食物，朱三帅就提议再向前走一段路，探索一下周边的环境。你知道，当时我已经筋疲力尽，根本不愿动了，但拗不过他的催促，只好和他一同前去。天知道朱三帅哪里来的力气，他走得明显比我快。当时天色已经渐渐暗了下来，树林里各种茂密的植物交错在一起，看起来阴森可怕。就在我想喊朱三帅回去的时候，突然听到走在前面的他一声大叫，然后就不见了。接着，我听到前方传来微弱的撞击声，我就小心翼翼地向前边走边喊寻找朱三帅。突然，我的脚踩到一块松软的地方，定睛一看，原来是由大量植物缠绕形成的悬空区域，这块区域凸出在一座悬崖外面，

而朱三帅正是踩到了空处，掉了下去。然后我就报了警。”

谁知警方听完孙大空的叙述，并不理会他的心情，而是说他在说谎，并将他强行带回了警局，进行深度审问。很显然，他们认为是孙大空杀害了朱三帅。请问这是为什么呢？

如果一个正常的人在得知自己好友死亡的消息后，应该是极其痛心的，他怎么还会有心煮食物吃呢？而且，伤心的孙大空无心吃煮好的东西，就更不可能有心思去添加柴火了。可是经过这么长的时间，柴火不可能还能够继续熊熊燃烧着。因此，警方就是根据孙大空与常人不同的反映，判断他在说谎，而说谎的最大可能就是他杀害了朱三帅。

神秘的海边谋杀案

在波士顿一处距离海边 10 米左右的地方出现了一具女性尸体，附近的人立即报了警。警察赶到后，发现这具女性尸体面部朝下，全身都被绿色的尼龙绳捆绑得紧紧的。法医在检查之后认定，被害者是因为头部遭到硬物击打，导致颅脑受到重创而死的。此外，死者的身上还绑着一块大石头。很显然，凶手妄图借此将尸体沉入海底，以确保尸体永远不被发现。但不知什么原因，尸体还是浮到了岸上。

为了弄清女尸的身份，警察对此展开了详细调查。然而在案发之后的一个月内，虽然报告失踪的人非常多，但没有一个符合死者的身份。正在这时，一个居住在郊区的年轻女子琳达打来的电话给案件带来了曙光。琳达表示自己的一位亲密朋友瑟琳娜已经和自己失去联系长达一个月了。警察就来到了琳达口中所说的瑟琳娜的家中。将照片与瑟琳娜父母描述的情况对比了一下，确认死者就是瑟琳娜。但是，奇怪的是，在这一个月中，瑟琳娜的父母和其男友一直在收到瑟琳娜的来信，因此，他们才不认为瑟琳娜失踪了，所以也没有报警。

最后，警察在认真比较过这些信件后，发现这些信件中的字虽然与瑟琳娜的字体相似，但可以看出来是有人在模仿死者的笔迹。所以，警察断定是熟人作案，并成功抓获了凶手。请问，这是怎么一回事？

此题乍看之下似乎无解，而且警察也只能确认瑟琳娜的身份，没有什么其他有用的信息。但是，瑟琳娜已经死了，是不可能写信的，那么，瑟琳娜的家属及男友还能收到信件那就只有一种可能，那就是它根本不是瑟琳娜写的，而是凶手写的。

凶手这样做的目的就是希望瑟琳娜的家人在接到信后不会因为瑟琳娜的失踪而报案。

此外，要用硬物将人砸死并将它抛尸河中都是需要相当的体力的，因此，凶手一定是名男子，或者说至少是一个体力很大的人。而且，凶手知道给瑟琳娜的父母及男友写信，就表明他对于瑟琳娜应该是非常熟悉的，而且与瑟琳娜发生了矛盾。所以，警察循着这个方向调查，应该就可以知道谁是真正的凶手了。

如何找到真正的小偷

一年一度的克里斯摩托车大赛正在法国西部的一个小镇举行。这次比赛将小镇搅得热闹非凡，人们都非常的高兴和激动。经过了几天激烈的预赛，夺魁呼声最高的是科鲁兹和福克斯两支摩托车队。

就在决赛前夕，为了让摩托车大赛的前四强养精蓄锐，准备最后的“殊死较量”，整个营区都退却了往日的喧哗，安静了下来。这四个车队分别是紧挨在一起的朗动车队、科鲁兹车队、乔吉纳车队以及在他们上游处、相距200米的福克斯车队。

然而，就在夜晚，意外发生了。一个黑影突然蹿进了科鲁兹车队的车库里，不一会儿，一声脆亮的金属落地声惊醒了科鲁兹车队的迈克。迈克非常警觉，他蹑手蹑脚地走过去准备抓住这个黑影，没想到那黑影却突然溜出来向河边奔去，等迈克追出来的时候，黑影早已无影无踪了。但迈克还是有收获的，他在回来的路上捡到一块黄色的碎布片。接着，迈克就报了警。

大约半小时后，肖恩警长就赶到了现场。肖恩警长召集来四个车队的队长，指着碎布片对乔吉纳队的队长说："这是从你们车队的旗帜上撕下来的，不会错吧？"憨厚而诧异的乔吉纳车队队长点点头说道："确实是我们车队的旗帜，但是，警官，我相信这里面一定有鬼，因为前几天我们队的旗帜就全被人偷了。"

正说着，从门外走进一个瘦高个儿的人，他左手提着渔具，右手拿着一些湿淋淋的东西，说："有人要我把它交给肖恩警长。"

肖恩接过来，打开一看，是一面黄色的旗帜，旗帜上有一块角儿被撕破了，与那块碎布片刚好吻合。

"请问这是从哪儿来的？"肖恩问道。

"我是福克斯车队的艾瑞克，我在靠近我们车队营地的河边钓鱼时捡到的。"

"什么时候？"

"大概一刻钟前，我正在甩钩时，忽然看到这东西从科鲁兹车队营地方向飘过来。"

乔吉纳车队队长一听，生气地说道："这是明显的栽赃，这是科鲁兹车队惯用的方法！”科鲁兹车队队长气得满脸通红，说：“我们疯了？自己给自己拆台？”

肖恩警长制止了他们的争吵，说：“小偷就在我们中间，我已经发现了他。”说完，犀利的目光朝他射去，只见那人惭愧地低下了头。你知道罪犯是谁吗？

罪犯是艾瑞克。在这个案例当中，我们需要结合涉案地点的环境——河流来分析。艾瑞克所在的车队福克斯车队处在科鲁兹车队的上游，在车队营地河边钓鱼的艾瑞克却说那面旗帜是从科鲁兹车队营地方向飘过来的，这显然是不合情理的，因为扔在河里的漂流物是不会逆水而上的。因此，艾瑞克是贼喊抓贼，但最终他的谎言还是被聪明的肖恩警长识破了。

伪造出来的现场

日本冲绳岛是个景色怡人的地方，每年来这里度假的游客络绎不绝，辛巴和他的新婚妻子麦瑞卡便是其中的两位。

黄昏时刻，这两个新人沿着金色的沙滩一边散步，一边欣赏火红的夕阳沉入大海时的壮观景象，一边诉说着他们的爱意。正当他们走到一片椰树林跟前时，妻子麦瑞卡突然惊声尖叫了起来。辛迪定睛一看，只见高大的椰子树下躺着一具身着泳裤的男子尸体！男子的太阳穴被打破了，看出来应该死去很长时间了，因为他流出来的血已经凝固了。在尸体旁边是一颗大椰子，椰子上沾着斑斑血迹，旁边的沙地上留有螃蟹爬过的痕迹。

“这是什么动物的脚印？”辛巴指着地上的痕迹问道。

“这可能是椰蟹爬过的痕迹。”生物学毕业的妻子麦瑞卡说道。

“椰蟹？也就是说，这位男子从椰树下路过，或是在椰树下睡觉时，恰好被椰子树上的椰蟹用它的大剪刀剪下来的椰子砸中了太阳穴，然后身亡？”辛巴根据现场发生的一切表象开始推理起来。

“你检查下尸体，看看他是什么时候死亡的？”麦瑞卡提醒在医院做外科医生的辛巴。辛巴只是在猜测男子的死亡原因，倒忘了自己作为外科医生的身份。经妻子的提醒，他急忙用手触摸检查尸体，判断死者大致是当天下午两点至三点间死的。

“依我看，根据死亡时间，可以判断这不是一场单纯的意外事件，而是杀人事件。”

请问，麦瑞卡为何做出如此判断呢？

椰蟹是一类大型甲壳类陆生寄居蟹，生长在印度洋和西太平洋沿海，有夜间出来活动的生活习性，它们白天钻进海岸的

洞穴里几乎不出来，只有晚上出来活动，因此，大白天绝不会发生椰蟹爬到椰树上剪掉椰子砸死路人的事情。应该是罪犯用椰子打击被害人头部，然后伪造了树下的椰蟹的足迹，但他们不懂得椰蟹的生活习性，所以，伪造出一个滑稽的犯罪现场。

一模一样的纸条

美国 MG 公司总经理罗斯福先生每天的工作非常忙，他刚从洛杉矶飞回芝加哥，来不及休息，就匆忙地返回了公司继续工作。当时，女秘书跟进来说她女儿今天过生日，所以需要请假回家。罗斯福爽快地准了女秘书的假，并从口袋里取出了钱包，然后从里面抽出 20 美元，让她给女儿买生日礼物。接着，罗斯福顺手将钱包放在桌上，然后打电话处理当天的事情，期间办公室一直来人不断。

当积压几天的事情处理完后，罗斯福拿起钱包打算回家，却发现钱包里的 1.8 万美元和各种证件不见了！罗斯福知道这肯定是公司内部人员作案，他不好排查，于是就请来好友福尔摩斯探长，请他帮忙找回钱包。

不一会儿，福尔摩斯赶到了公司，说自己有办法找回钱包。这时，离下班仅有10分钟的时间了。福尔摩斯让罗斯福将所有员工召集到一起，并对他们说："今天你们老板做了个测试，他故意将钱包放在办公桌上，想考察员工的忠诚度，没想到果然有人上钩了。现在我已经知道这个窃贼是谁了。"

罗斯福接过话说："我请福尔摩斯探长来，就是要让这个贼当众出丑，并且要大家明白法律对盗窃罪的严厉惩罚。"话音刚落，全场一片哗然。

福尔摩斯探长接着说："现在我给大家每人发一张纸条，只有一张稍长一些，罗斯福先生暗示我将这张发到那个窃贼手里，你们互相比比纸条的长度，就知道谁是窃贼了。"

不一会儿，果真找到了窃贼，并从他的柜子中搜出了丢失的钱和证件。

请问，福尔摩斯是怎样找到窃贼的呢？

如果一个人做了坏事，他的心情是十分忐忑不安的，与其他没偷钱包的人心理不一样。所以，福尔摩斯探长就是利用了偷盗者做贼心虚的心理。事实上，他发给每人的纸条是一样长的，福尔摩斯故意说有的长有的短，窃贼做贼心虚，怕当众出丑，就将自己的纸条掐去一截，这样比较之下，发现只有他的纸条短了，说明他就是窃贼。

Part 7

抽象思维：由表及里，举一反三

每当说起“抽象”这个词，很多人都觉得这是一个玄之又玄的概念，更别说抽象思维了。但是，抽象思维却是一种重要的思维类型，具有概括性、间接性、超然性的特点，能够帮助我们分析事物，找出事物的最本质的特性。

爱因斯坦的抽象思维能力非常棒，他经常能够从一个微小的点出发，延伸到常人难以想到的地方，从而解开一个又一个物理谜团。在这一章，我们就来运用抽象思维思考问题、解决问题，向爱因斯坦发起挑战！

失策的窃贼

接连一周，Y市的天气都非常晴朗，当地的一家博物馆也在这样一个美好的天气里做展出。这次展览的东西很多，也很珍贵，每天来参观的人络绎不绝。在展出的物品中，有一件非常名贵的玉雕。

一天，快闭馆的时候，一个窃贼带着照相机和一把晴雨伞，装作路人的样子混了进去。他趁人不注意的时候躲到了大厅的楼梯间里，便不再出声了。没过多久，博物馆就清场闭馆了，游客散去，工作人员也收拾好了东西，就锁上柜门离开了，只留下几名保卫人员在巡逻、看守。

就在这个时候，外面突然下起雨来。或许是阴雨天气的原因，导致大家都昏昏欲睡的，这些保卫人员为了打发时间就凑在一起聊天，也就没注意到盗贼的行动。只见窃贼从伞柄中取出应手的工具，悄无声息地打开了展柜，再用相机套内隐藏的赝品换下了真玉雕，将一切恢复原状后，再次躲进了楼梯间。

第二天一早，雨还没有停，博物馆就开馆了，有些人就陆陆续续地进来了。这时，窃贼就从楼梯间溜了出来，准备扮作观看展览的游人，装模作样地按计划离开。可是，就当窃贼撑开雨伞准备走出博物馆大门的时候，他却被保卫人员拦住了。

保卫人员问道："先生，请问您是今天早上进来参观的吗？"

窃贼回答道："当然。但是你们的展品质量太差了，完全是浪费我的时间，我现在必须得离开了。"

然而，窃贼没能离开。他随后就被保卫人员礼貌地请进了保卫室。结果，等警察到来后，对他进行了搜身，搜出了被盗的玉雕。

你知道保卫人员是从哪里看出窃贼破绽的吗？

从窃贼那把干净的雨伞上。如果窃贼真的像他说的那样，是第二天进入博物馆的，那么，他一定会赶上下雨，雨伞上面一定会有雨渍。但是，盗贼的雨伞是前一天作为障眼法带进博物馆的，所以上面干干爽爽的，没有任何雨渍。

穿西装的人是交易买家吗

名侦探史莱克还是初出茅庐的小菜鸟时，就表现出了他非凡的破案天赋和过人的聪明才智。

一次，有消息称当天晚上，一家公司总部的 1125 房间将会进行非法的交易活动，所以，侦探史莱克和他的搭档就计划混进去。但是，由于他们能力有限，虽然混进了该公司，却只能在外面徘徊，不能进入该房间。没办法，史莱克只好把不起眼的薄片监听器贴在了房门上，自己和搭档两个人在这家公司对面的街道上进行监听。

七点以后，公司里的职员们大都离开了，史莱克从监听器里只听到了一个人在房间里打电话，而且是偶尔打一个电话，除此之外，再也听不到别的声音。到晚上九点的时候，原本寂静无声的走廊里突然响起了由远而近的“笃笃笃”的脚步声，之后是敲门声、开门声、关门声。

等到这个人进到屋子里之后，史莱克听到交易开始了。他虽然听不到对方在说什么，当然，对方有可能也没有说话，但是，史莱克却听到了手提箱打开和关上的声音。史莱克觉得双方肯定都是老手，因为交易很快就结束了。史莱克和搭档也像打了鸡血一样，准备对带着机密资料出来的买家进行跟踪。他们俩计算好了从 1125 房间到走出公司大门所需要的时间，于是提前等待着那个拎着手提箱的买家出现。

可是，令史莱克没想到的是，在预计的时间里，竟然从大门里先后走出了两个拿着手提箱的人。其中一个全身上下休闲装束，另一个则西装革履，完全不是一路人的感觉。史莱克他们傻眼了，不知道要追哪个。而且，眼看着这两个人分别上了不同的车，向街道的不同方向驶去了。追哪个？他和搭档只有一辆车，无法同时追踪两个人。

后来，史莱克不知道想到了什么，眼珠转了转，肯定地说道：“追穿西装的。”

请问，史莱克为什么会肯定穿西装的人才是他们监听到的交易买家呢？

线索就在监听器中的声音里。在开门之前，走廊里的脚步声是“笃笃笃”的硬物之间的碰撞声音，只有皮鞋与地面撞击才可能产生这种声音，而另外一个人的休闲鞋是不可能产生这种脚步声的。所以，史莱克才说要追那个穿西装的人。

神奇的扑克牌

有一天，赫敏、哈利和罗恩写完了功课，也没有什么想玩的游戏，都觉得很无聊。这时候，赫敏的妹妹桃丽丝有了主意。桃丽丝告诉大家，在一个古老的国度里，那里的人们都很喜欢玩扑克牌，最流行的就是猜纸牌。哈利他们几个一听，都觉得很有趣，便想玩这个游戏。于是，他们找来了一副扑克牌，从中抽取了16张，分别是：

红桃A、Q、4

黑桃J、8、4、2、7、3

草花K、Q、5、4、6

方块A、5

然后，桃丽丝从这16张牌中挑出一张牌来，并把这张牌的点数告诉哈利，又把这张牌的花色告诉罗恩。这时，桃丽丝问哈利和罗恩：你们能从已知的点数或花色中推知这张牌是什么牌吗？

于是，赫敏就听到了如下的对话：

哈利：我不知道这张牌。

罗恩：我知道你不知道这张牌。

哈利：现在我知道这张牌了。

罗恩：我也知道了。

听完以上的对话，聪明的赫敏想了想，马上就正确地推测出这张牌是什么牌了。那么，亲爱的读者们，你们能猜出这张牌是什么牌吗？

这道题并不难，我们来一步步分析。首先，我们已经得知，桃丽丝告诉了哈利这张牌的点数。但是，哈利在后面却说不知道这张牌具体是哪张，由此可以推测出此牌的点数绝对不是唯一的。我们再看上文中给出的16张牌，可以得出，这张牌在红桃A、Q、4，黑桃4，草花4、5、Q，和方块A、5中间。

接着，桃丽丝又告诉了罗恩牌的花色，于是，罗恩在下文中对哈利说“我知道你不知道”这样的一句话。这句话就说明，罗恩知道的花色，在那16张牌中是双数的，比如说A这张牌，有红桃与方块两种，所以，他才能断定哈利不知道这张牌是什么。根据这句话，我们可以推断出这张牌的花色一定不是黑桃和草花这两种，因为在黑桃和草花里都存在唯一的点数（比如黑桃J，草花6等）。

那么，到这步的时候，剩余的牌数就从红桃A、Q、4和方块A、5中找了。根据哈利说的那句“我现在知道这张牌了”，说明这张牌的点数在红桃和方块中的点数是唯一的。因此，可排除A的可能。再由罗恩说的“我也知道了”这句话，可见剩下的是唯一确定的答案，所以排除红桃Q、4，答案就是方块5。

救人的智慧

高老头儿是一个非常精明的侦探。虽然他处在一个相对不利的

环境中，既不能持枪，也没有任何特权，而且侦探的组织和公司又备受主流势力的压迫，但是他还是凭借着自己的聪明才智，在众多官方和民间的侦探中挤占了一席之地。

这一次，高老头儿被老主顾介绍，去帮一家有着大财团背景的人家破案。高老头儿事先了解了一下这个案子，得知这家的女婿因为贪图财产而杀害了其中的一个家族成员。巧合的是，死者在临死之前按下了儿子的卡带随身听上的录音键，所以就记录下了这个人被杀之前和凶手谈判，以及凶手行凶过程的全部声音资料。

既然有了声音资料，那么破解这个案子不就特别容易了吗？警察按下随身听的放音键，这一切的一切就开始像放电影一样，活灵活现地出现在众人眼前。那么，为什么还有人请高老头儿去破案呢？原来，请高老头儿来的这个人并不认为这名女婿是杀人凶手，他觉得这个女婿是被陷害的。尽管这个人也不喜欢为了钱才来到这个家庭里的女婿，但是他更担心这宗陷害案件背后，隐藏着一个更大的家族阴谋。因此，这个人才请来高老头儿，希望高老头儿能帮忙找出真正的凶手，以便破解凶案、揭穿阴谋，还这个家族一个平静的内部关系。

高老头儿仅仅是听完这个人的陈述，就告诉他，尽管对于真正的凶手是谁，还需要一段的时间来甄别，但是，他可以马上帮这个女婿洗脱嫌疑。请问，高老头如何能够在“铁证如山”的情况下，为女婿洗脱嫌疑呢？

其实，人们在播放卡带的时候，一面播放完毕，想要重新播放之前的内容，是要先倒带，然后再播放的；同样，想要播放录制完的声音信息，也需要把录音带先倒带，之后才能播放出来。但本案中警方是在没有倒带的前提下，直接按下播放键，就听到了完整顺序的录音内容。所以，很明显有人曾经倒过这卷带子，为的就是让警方察觉到录音的内容。而去倒带的人不可能是死者，自然就是真正的凶手了。因此，只要找出女婿没有去倒带的证据，高老头就可以马上帮助女婿洗脱嫌疑。

窃贼是如何偷走戒指的

洛杉矶警察局接到了一起盗窃报案，报案人是知名的电视主持人珍妮·哈伦。据哈伦自己说，晚上她回到家里的时候还一切完好，所以她就卸了妆，摘下佩戴的项链、戒指等东西，就进浴室洗澡了。但是，当她洗完澡从浴室里出来的时候，就发现她刚摘下放在梳妆台上的宝石戒指不见了。

警察局派遣克里斯警长去侦破这个案件。克里斯警长从哈伦处得到信息：哈伦在洗澡的时候，大门是锁好的；窗户虽然是开着的，但是窗上有防护栏。为此，克里斯还专门确认了一下门窗，发现门和防护栏都没有被破坏的痕迹，而且哈伦所在的楼层是整栋大楼的第九层楼，排除了有人曾入室盗窃或者在窗口使用工具盗窃的这种可能性。

那么，罪犯是怎样盗走哈伦的戒指的呢？

克里斯警长又仔细地检查了梳妆台，除了在梳妆台上发现了一根不起眼的火柴，还有未被盗走的手镯、项链、耳坠等东西外，就没有其他发现了。于是克里斯警长又问哈伦："您就只丢失了那枚戒指吗？"

哈伦说："是的，警官。"

克里斯想了想，问哈伦周围有养鸟的邻居吗？

哈伦告诉他，三楼的山姆大叔家养着猫头鹰、四楼的爱丽丝家养的鹦鹉、六楼的威尔家养有信鸽。

克里斯警长听完，信心十足地说道：“山姆大叔就是犯人！”

请问，克里斯警长为什么会这样说呢？他是怎么判断出来的呢？

从门窗的情况看来，犯人是不可能进入到室内的，也不可能在窗口使用工具盗窃。由此可以推测，犯人可能是使用了不必亲自到场的盗窃工具，比如说鸟类。犯人先提前训练鸟类采集亮闪闪的宝石的能力，然后由鸟类穿过防护栏，衔取宝石饰品，而火柴是使鸟类衔住不致发声的。克里斯警长之所以锁定是山姆大叔，是因为在夜里只有猫头鹰能够自由飞行。

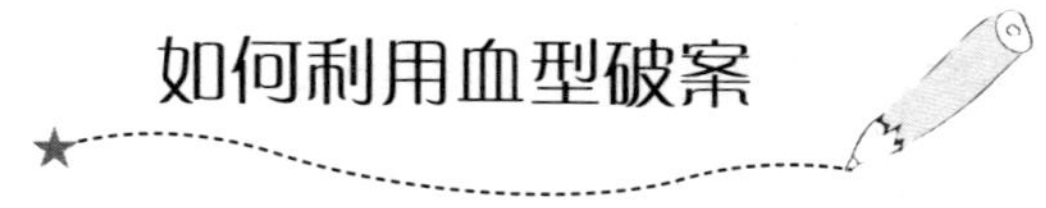

如何利用血型破案

达芬奇是一家上市软件公司的董事长的大儿子，他衣食无忧，过着自由自在的生活。然而，有一天，达芬奇被发现死在了健身俱乐部的一间更衣室里。警察接到报案后立刻赶到了现场。

警方经过调查发现，达芬奇衣服上留下的血迹不仅有他自己的A型血，还有另一个人的AB型血。很明显，这个拥有AB血型的人有可能就是凶手。也就是说，只要找到这个AB型血的人可能就找到了凶手。

为此，警方马上对与达芬奇有过接触的人进行一一调查。调查结果显示，达芬奇的妻子蒙娜丽莎是B型血，他的父亲雷克斯董事长是O型血，他的母亲则是AB型血。虽然达芬奇的母亲的血型与现场留下的血型一样，但是他母亲有不在场的证明。所以，这三个人均可以排除作案嫌疑。

达芬奇的弟弟达尔文这一段时间正在同他暗地里争夺父亲公司总裁的位置，并且兄弟俩为此还闹得有些不可开交。但是，就在达芬奇出事那天，达尔文却失踪不见了。警方也就无法确定他的血型。

另一件怪事是达芬奇妻子蒙娜丽莎的弟弟卡斯，在案发的第二天，也神秘消失了。因此，他的血型也是警方无法确定的。

请问，上述几个人中，谁最有可能是凶手呢？

卡斯最有可能是凶手。根据血型学的研究，父母的血型与子女的血型之间存在如下关系：

父母血型	子女血型
A 型和 B 型	A 型、B 型、O 型、AB 型
A 型和 AB 型	A 型、B 型、AB 型
B 型和 AB 型	A 型、B 型、AB 型
O 型和 AB 型	A 型和 B 型
都是 A 型	A 型和 O 型
都是 B 型	B 型和 O 型
都是 O 型	都是 O 型

由于父亲雷克斯是 O 型血，母亲是 AB 型血，所以达尔文就是 A 型血或 B 型血。所以，达尔文不会是凶手。那么就剩下妻子的弟弟卡斯了，因为他失踪了，所以血型未知，但可以推断出他有可能是凶手，畏罪潜逃了。凶手只可能是蒙娜丽莎的弟弟卡斯。

去而又返的警察

在草原地区，人们吃烧烤是再平常不过的事情，尤其是整只牲畜的烧烤，更是受到当地人们的青睐。

如今，又到了冬天，巴帖木儿家里也燃起了火堆，架上了全羊在烤着。就在这时，一个警察造访了这个大家族。原来，最近有外地游客在附近失踪了，有几个目击者看见这名游客与巴帖木儿有过接触，因此警方到这里来了解情况。

当然，这个警察也很了解当地人的情况，为了不被蒙骗住，他还特意带来了一条警犬。警察在和这家人寒暄的时候，不声不响地放开了警犬，让警犬去四下寻找失踪游客的线索。结果，警犬不但花了很长时间都没有找到游客，居然还向烤架上的羊肉吠叫起来。警察看到这一幕，有些尴尬，笑着对巴帖木儿家的人说道："我这条狗真是太馋了，每天不干活，还净想着吃肉。"说完，警察感觉自己也问不出什么有用的消息了，就带着警犬回去了。

巴帖木儿一家人看到警察走了，心里都松了一口气。但他们没想到的是，第二天一早，这个警察又回来了。而且，他这次不是一个人来的，而是带着整整一队的警察。

请问，警方为何摆出如此的阵势呢？是发现巴帖木儿一家人的犯罪证据了吗？警察是怎么发现的？

警察在回去的路上想到，这警犬往常找不到猎物都会很沮丧，而且也没有那么贪吃，这次为什么会冲着一只烤全羊大叫呢？这件事情一定有什么古怪！因此，这名警察突然想到，他的警犬向烤架吠叫也许不是在要吃的，而是因为目标的气息就在烤架处消失了。从烤架处消失的气味意味着什么呢？警察从被烧烤的羊肉类比到人肉，一个恐怖万分的结论在头脑中形成——巴帕木儿为了避免被警犬追踪，就烧掉了失踪的游客！如果这是真的，那么这将是一起非常严重的杀人毁尸灭迹犯罪。因此，第二天才有那么多的警察到来。

被电线电死的男人

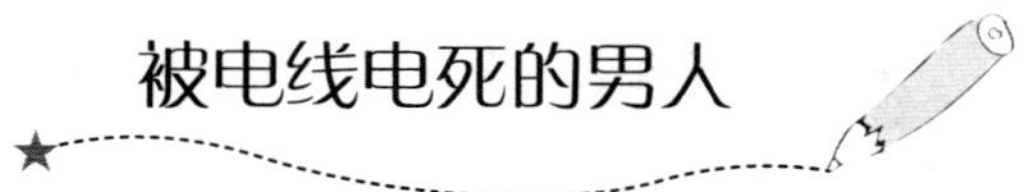

劳伦斯、多吉和诺费米共同租住在一栋房子里。劳伦斯刚刚听说自己的商业培训考试通过了，兴奋地跑去楼上找多吉庆祝。但他高兴得太忘乎所以，居然不小心绊掉了纵横交错在楼梯上的供电延长线，自己也摔了个大跟头。

真是乐极生悲啊，劳伦斯想。不过无所谓，考试通过才是最重要的。于是他插上插头，继续上楼，可谁知道，等待他的将是下一个悲剧呢？他跑到楼上竟然看见地上有一摊血，而多吉正躺在血泊之中，死去很久了。

劳伦斯太惊讶了，吓得惊声尖叫起来。在楼下的诺费米听到了动静，也赶紧跑了上来。劳伦斯和诺费米虽然慌乱了一阵，但立即镇定下来，并给警察打了电话。

警察查看现场之后，开始对他们进行询问。劳伦斯的叙述就是上文提到这些，而诺费米则说他一直在屋子里用自己的台式电脑编辑文件。当警察提出要看看他编辑的文件的时候，他领警察到他自己的房间，在开着的电脑里，打开了一个文件。但这个文件打开后，软件提示上次关闭是意外关闭，问是否需要恢复文件。警方看到这个提示之后，就把诺费米列为头号疑犯。请问这是为什么呢？

首先，警方之前听劳伦斯说他上楼时绊掉了一根电线，当然后来又插回去了。也就是说，很可能有某个或者某些电器在运行的过程中中途断电了。而断电对电脑的影响就有数据未保存。刚好诺费米的电脑也有数据未保存，因此当时这根电线很可能就是诺费米电脑的供电电线。如果是诺费米的电脑断电了，而他又一直在编辑文档，那么他一定重新开机，并且重新打开过文档。软件的自动恢复功能在那一次重新启动软件的时候启动过后，就不应该再次启动。但实际上，自动恢复功能在最后一次启动编辑器的时候还是启动了，也就是说，从效果上看，显然诺费米在断电后不曾打开过软件，也就是不曾编辑过文档，这与他“一直在编辑文档”的说法矛盾，因此，警方怀疑他在断电的时候不在屋子里，而他说谎的最大可能就是他是杀人凶手。

有毒的兔子

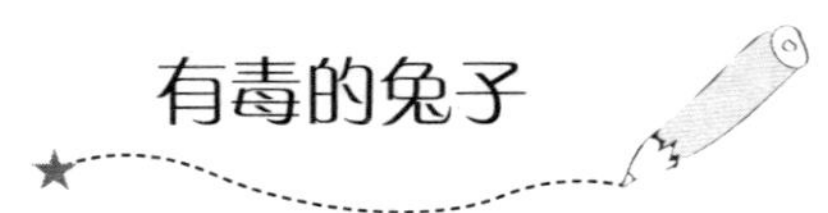

麦克白和哈姆雷特都是同一家公司的销售主管，只不过带领的队伍不一样。这两人在职期间都表现十分优异，于是公司的董事长有意提拔其中的一位做公司的销售总监。由于麦克白处事圆滑、能说会道，他通过在各位上司面前大献殷勤，如愿以偿地坐到了销售总监的位置上。

麦克白坐上销售总监的位置后，他担心哈姆雷特心中不高兴，也想笼络哈姆雷特为他效力，于是，麦克白就在家中办了一次派对，并盛情邀请了哈姆雷特。出于礼貌，哈姆雷特带来了一份礼物，是一只活蹦乱跳的小兔子，寓意是祝贺麦克白“像兔子一样”迅速获得荣升。不过，其中有没有讽刺意味，也就只有哈姆雷特自己才知道吧。

晚会进行到最后，大家展开了烧烤活动。就在众人烤东西的时候，麦克白突然想到了哈姆雷特送来的那只兔子，于是就想拿来与众人一同分享。但是哈姆雷特却突然制止了麦克白的行动，还说自己看不得这么血腥的场面，并说这只兔子是自己养了好长时间都没舍得吃的，请麦克白一定要留着自己享用。众人都觉得哈姆雷特的要求不过分，也都没什么意见，就这样，麦克白将兔子保留了下来。

第二天，等大家都离开了，麦克白就迫不及待地将兔子宰掉了，然后精心烹饪了一番，一个人美美地享用了这份难得的美味。然而，麦克白刚刚吃完这顿美餐没多久，他就七窍流血，不治身亡了。

经过法医鉴定，麦克白的死因属于阿托品中毒，警方认定麦克白的死必定和兔肉有关。但奇怪的是，哈姆雷特送来的明明是一只活蹦乱跳的兔子啊，也是经由麦克白自己的手才变成了他自己的食物，即使有毒，也是他自己下的毒吧？你明白这是怎么一回事吗？

一些食草动物对有毒植物有免疫的功能，兔子也是如此。哈姆雷特正好是利用了兔子的这一特性，将含有阿托品毒素的植物叶子喂给兔子。虽然兔子本身是活蹦乱跳的，但其体内已经含有了毒素，当麦克白将兔子吃掉后，毒素自然进入了麦克白的体内，最终致其死亡。

如何找到钻石

夏季的一天，怪盗基德经过一番乔装改扮后，成功混进了一家珠宝拍卖会场，并偷到了两颗大钻石。基德心情很好，觉得这次要赚翻了。

基德一回到家，就将钻石放在了水里，并将这些水做成冰块放入冰箱。因为钻石是透明无色的，所以藏到冰块里，万一有警察来搜查也不容易发现。

第二天，凯普顿侦探就来到了基德的家中，说道："昨天晚上的钻石失窃案肯定是你做的吧？因为珠宝拍卖现场的闭路电视已将化装后的你偷盗时的情景拍了下来，你瞒不了我的眼睛，我一看就知道是你。所以你还是把你偷来的钻石交出来吧。"

基德认为凯普顿没有证据，又想到自己把钻石藏得那样好，应该没什么问题，于是若无其事地说："如果你怀疑是我干的，就在我家搜好了，直到你满意为止。"

凯普顿侦探仔细在基德家搜查了一番，却什么也没有找到。基德看着一无所获的凯普顿侦探，笑得得意极了："哦，我亲爱的探长，今天真热呀！来杯冰镇可乐怎么样？"

基德说着就从冰箱里拿出了两个杯子和冰块，并在每个杯子中放了四块冰块，再倒上可乐，递给了凯普顿侦探一杯。当然，基德还是有脑子的，他将藏有钻石的冰块放到了自己的杯子里，这样的话，即使冰块化了，钻石露出来，在喝了半杯的可乐下面别人也是看不出来的。“凯普顿侦探怎么会想到在他眼前喝的可乐中会藏有钻石呢？”基德心中暗爽道。

“那么，我就不客气了。”凯普顿侦探接过杯子喝了一口，下意识地看了一眼基德的杯子。

“对不起，能换一下杯子吗？”

“怎么？难道怀疑我往你的杯子里投毒了吗？”

“不，不是毒。我想尝尝放了钻石的可乐是什么味道。”说完，凯普顿侦探一下子从基德手里夺过杯子，人赃并获。

可是，冰块还没溶化，那么凯普顿侦探是怎么看穿基德的可乐杯子里藏有钻石呢？

众所周知，普通冰块应该浮在可乐的上面。但是凯普顿侦探却看到基德杯子里的冰块有两块沉到杯底了，推测这两块冰块里一定藏有钻石，其重量大于普通冰块，以致沉入杯底。

Part 8

辩证思维：对立统一，相辅相成

在很多人的思维中，一件事情不是“非此即彼”，就是“非真即假”。但是，在辩证思维中，则是从变化的视角来认识事物的，所以用辩证思维看待事物可以是“亦此亦彼”“亦真亦假”的，却无碍思维活动的正常进行。因此，我们可以学习这种思维观念，进一步认识到事物的不同方面，并在这些方面的对立统一中观察问题和分析问题，找到自己需要的真相。

吹牛神探的故事

纽约大富豪维塔斯的儿子被人绑架了，警方侦查了将近一个月，仍然毫无头绪。心中着急的维塔斯就想聘请一位厉害的私家侦探来帮助他破案，找到他的儿子。维塔斯在发出寻找侦探的告示时曾许诺，如果哪位私家侦探能够将他的儿子成功救出来，他就会拿出 10 万美金的酬劳作为答谢。

维塔斯为了保险起见，选了一批侦探进行面试考察。要求各人把自己的工作成绩讲述出来，以便从中选择合适的人聘用。其中，就有康斯坦丁。

康斯坦丁是一家私家侦探社的雇员，他得知了这个消息，就很想得到那笔赏金。但是，由于他的资历非常浅，只有一年私家侦探的经验，他知道自己肯定难以在众多名侦探当中脱颖而出。于是，他就想了个办法。

当维塔斯问及他有无成功破案的功绩时，康斯坦丁立即说："有，我记得在三年前七月的一天，我与朋友在城外的池塘钓鱼。当时，我们坐在堤坝旁边全神贯注钓鱼的时候，突然从水影中看到两个彪形大汉的影子。我回头一看，记起是看到的通缉犯之一，于是我立即转身把鱼竿一挥，鱼钩向后把他们钩住，最后交给了警方。”

康斯坦丁正为自己的谎言扬扬自得，谁知，富豪维塔斯听后，却冷冷地回答：“对不起，康斯坦丁先生，你编的故事非常动听，可是我想聘请的是一个诚实的侦探，而非只会吹牛的虚假侦探！”

康斯坦丁听了维塔斯的话，脸立即变得通红。但是他还是不明白，维塔斯为什么能够一眼就识破他的谎言。你知道康斯坦丁的一番话，露出什么破绽了吗？

答案

有常识的人都知道，在池塘中如果能看到人的倒影的话，那么水中除了自己的身影外，就是比自己更接近水塘的人，而不会是身后的人。而且，若是康斯坦丁想要转身袭击疑犯时，在那种情况下，他自己被推下水的可能性更大，又怎么会制服住他人呢？所以，富豪维塔斯之所以能识破康斯坦丁的谎言，是因为他熟知水中倒影的原理。

失而复得的金笔

有一天，在一家地处偏僻的小旅馆里，一位妙龄女郎被人从背后用水果刀杀死了。名侦探福尔摩斯闻讯赶往事发地点，并开始向周围的警察了解情况。

一个了解情况的警察说道："这个女人的名字叫梅丽莎，她很漂亮，上周才和道恩结婚，而且两个人很恩爱，还在第三大街买了一套小巧的新房做婚房。"

"那么你有没有怀疑的对象呢？"福尔摩斯问。

"有，我觉得很可能是面包店里的查理。因为梅丽莎曾经和查理谈过恋爱，不过最终却选择了与道恩结婚。"警察答道。

"那我们就去拜访一下查理先生吧。"福尔摩斯说完就走出了门，不知是有意还是无意，他的一只金笔掉在了旅馆门口。

在面包店里，福尔摩斯他们找到了查理。当福尔摩斯问起查理关于梅丽莎的事情时，查理却说自己根本就没出过面包店，更不知道梅丽莎被人杀害了。

福尔摩斯见问不出什么东西，就计划离开了。在临走之前，福尔摩斯想要将查理的电话记录下来，好方便联系，结果他却发现自己的金笔不见了。于是福尔摩斯对查理说：“糟糕，我一定是把金笔掉在梅丽莎的房间了，该死的，我一会儿还要去找法医，查理先生，能麻烦你帮我把金笔送回到警局吗？”

查理看起来有些犹豫，不过最终还是同意了。但是，当他把金笔送到警局的时候，他立即就被逮捕了。请问这是什么原因呢？

如果查理真的像他自己声称的那样并没有出过面包店，那么他根本就不知道梅丽莎被杀了，也就不知道案发现场在哪里。但是，查理却能从杀人现场找回金笔，那就说明他不是无辜的，不然的话，他应该去第三大街梅丽莎的新居去找。

暴雨中的谜案

盛夏的午后时分，天气十分炎热。警长斯宾汗在警察局院子里的一棵大树下乘着凉。突然，晴朗的天空就乌云遮日了，顿时雷声阵阵，一场大雨倾盆而下。斯宾汗赶忙搬着椅子来到办公室躲雨。他刚坐下没多久，就接到了报案电话。

当斯宾汗赶到案发地点时，雨已经停了，那里聚集了很多人。斯宾汗挤进人群里，看到一位男子仰面躺在地上，他因心脏部位被捅了数刀失血过多而死。但是由于刚刚下过暴雨，不仅将死者的尸体全部淋湿了，死者身上的血也被大雨冲没了。斯宾汗觉得这件案子有些棘手。

在经过一番调查后，斯宾汗查明了被害者的身份。该男子是镇上一家杂货铺的店长怀恩特。接下来，斯宾汗对那些与怀恩特有过接触的人员进行了调查，很快就抓到了三个犯罪嫌疑人。

第一个犯罪嫌疑人是店长夫人莉莉丝。斯宾汗在审问莉莉丝的时候，莉莉丝告诉斯宾汗，她下雨前曾在服装店买衣服，一直到雨停了才回来，而陪同她一块去的露西小姐可以为她作证；第二个犯罪嫌疑人是店员霍恩。霍恩告诉斯宾汗下雨前后自己正在仓库理货，店里的伙计弗朗斯基可以作证；第三个犯罪嫌疑人是杂货店老板的邻居凯文，他告诉斯宾汗他家的屋顶漏雨，下雨时他一直在屋顶上进行修补，防止雨水渗入屋内，他的妻子可以作证。

既然每个人都有不在场证据，案情就变得越来越复杂了。斯宾汗坐在办公室里，一边回想着案子中的一些细节，一边抽起烟来。当斯宾汗看到院子里的合欢树时，他突然想到了什么，然后飞奔着冲向案发地点。经过一番观察后，斯宾汗很快确定凯文就是凶手。那么，他是怎么推理出来的呢？

斯宾汗在看到院子里的合欢树后，想到案发现场也有一棵

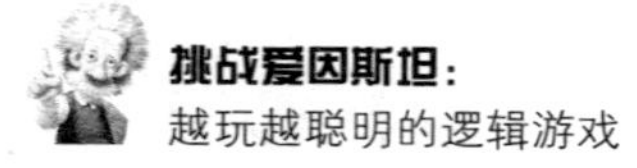

合欢树，而且死者的尸体就在合欢树下。合欢树有这样一个特点，就是当它受到外界刺激时它的叶子就会闭合起来，这种刺激可能来自人的触碰，也可能来自雨水的冲淋，还有可能是鲜血溅到的。所以，斯宾汗进而推知，如果死者是在大雨之前被杀，那么，身上那么大的伤口必然会溅出鲜血，而鲜血溅到合欢树的叶子上，叶子就会闭合，即使被雨水冲刷，也不会将树叶表面沾上的鲜血冲掉。如果死者是下雨之后被杀，那么，合欢树的叶子已经在下雨的时候合上，树叶的表面是不可能沾到鲜血的。

斯宾汗跑到案发地点，果然发现死者身后的合欢树树叶上沾有鲜血。由此，他判断出死者是在大雨之前被杀的。而后，又根据三个犯罪嫌疑人的陈述可以推出，只有犯罪嫌疑人凯文在大雨之前有作案时机，因为他不可能在下雨前到屋顶上进行修补工作。

一个独特的视角

一天清晨，吉伦哈尔一家还在睡梦之中，就被一声响亮的枪声惊醒了。除此之外，外面还有各种嘈杂的喧闹声以及恐怖的嘶喊声。

吉伦哈尔非常害怕，他紧张地从床上爬了起来，走到大门前。不过由于现在是冬天，为了保暖，他在家里大门外又加上了一层老式木门，这让他无法通过门镜看到外面的情况。

于是吉伦哈尔小心翼翼地打开里面的门，通过外面门的钥匙孔向外看去。原来邻居史密斯家里遭到了歹徒的洗劫。听着外面的动静，吉伦哈尔想：这可能是仇人来寻仇吧！而后，吉伦哈尔又偷偷观察了一会儿。就在这个过程中，他看到了一些人的长相，不过都是一闪而过，毕竟细长的钥匙孔的水平视野很小，且两间住宅的距离又很近。

后来，歹徒离开了，紧接着警方到场。吉伦哈尔积极地向警方描述了那伙儿歹徒的长相，之后，警方就根据他的描述做了模拟画像给他看，吉伦哈尔认为这些画像都画得很逼真。可是，不知道为什么，警方利用这些画像找了很久，却始终没有什么进展。于是警长再次找到吉伦哈尔，让他仔细地再重述一遍当时的情况。当听到吉伦哈尔是通过钥匙孔看到外面快速走动的凶徒面容的时候，警察表示问询已经结束，便离开了。

后来，警方修改了画像，很快找到了凶手。那么，警方是怎么修改的画像，为什么要修改画像呢？

我们知道警察是听到吉伦哈尔通过钥匙孔看到凶徒的事实后回去修改画像的，也就是说，警方认为在这种视角下，画像与真人是不一样的。那么为什么不同呢？这就涉及人眼和光学的原理了。从实际角度来看，纵向狭长孔下的光源在眼中成像会变得更为细长，警方需要相应地把画像变“胖”，才能还原真实的样子。

死去的男人竟是杀人犯

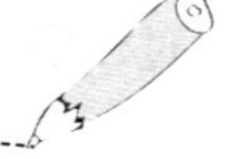

在一个寒冷的冬天早晨，雷格探长接到了一个报警电话，报警人说纽约郊区的一个地方发生了命案。于是雷格探长马不停蹄地带着他的人马一起赶往了事发地点。

然而，冬天的纽约实在是太冷了，到处都堆着厚厚的积雪。等雷格探长和手下赶到案发地点后，发现雪地里并排躺着两具尸体，一男一女，而两具尸体上都有被刀捅进心脏的伤口。经调查，雷格探长发现，作案的凶器是一把尖刀，并且这把尖刀是插在男尸的伤口上的。从现场的印记来看，凶手早已经踩着滑雪板逃走了，因为厚厚的雪地上留下了两道滑雪痕迹。根据痕迹判断，雷格探长推测凶手可能是两个人。

于是，雷格探长就带着手下顺着滑雪板的痕迹追踪凶手。当他们追踪到一处山崖的时候，痕迹却莫名地消失了。雷格探长再看看山崖底下，崖下是两百多米深的绝壁，凶手不大可能往下跳。那么，凶手到底往哪里去了呢？难道真的双双跳崖自尽了？

有手下建议雷格探长派人到山崖底下去查看究竟。但是，他们到山崖底下查看后并没有找到尸体，也没有任何痕迹。大家又按照原路返回到了案发地点。这时候，雷格探长仔细看着地上的印记，突然指着男尸说道："其实他就是杀人犯！"

你知道雷格探长为什么会说死去的男人是杀人犯吗？

雷格探长在经过对案发现场的调查后，得出了凶手是两个人的猜测。但是，等雷格探长从崖底下上来后，就推翻了之前的假设，判断出并没有所谓的两个凶手，只有一个受害者和一个凶手。而雪地上之所以留下疑似两个人的痕迹，是因为凶手在现场杀死了人之后试图逃离，却意外地来到了山崖处。凶手见无路可逃，便原路返回，于是雪地上又多出了一道痕迹。当凶手返回到案发地点的时候，他可能认为自己在劫难逃，于是决定与死者一起死去。所以凶手躺在死者的旁边，往自己的心脏上插了一刀。

墓石竟然会移动

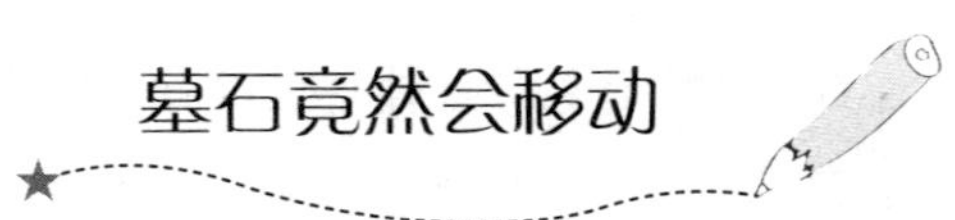

侦探福尔摩斯由于破解了很多疑难案件，从而声名鹊起。

一天，一位男爵的遗孀来拜访福尔摩斯，说发生了一件令人难以置信的事，请福尔摩斯帮忙解决一下。这位遗孀说道："五年前，我的丈夫不幸去世了，当时我为他建造了一座坟墓。谁知道从那以后，每年冬天，墓地的墓石就会移动一些。前几天，我请了一位巫师来召唤丈夫的灵魂，可是没有任何反应。福尔摩斯先生，我是多么希望能与先夫的灵魂对话啊！"

说着，这位遗孀从手提包里取出一张照片给福尔摩斯看。照片中就是男爵的墓地：在一块很大的台石上面，放着一块球形的大石头，这个球石就是男爵的坟墓。

遗孀用柔情的目光注视着照片，回忆道："我丈夫以前很喜欢玩高尔夫球，所以临终时曾嘱咐我要给他造个像高尔夫球那样形状的墓，这张照片就是在墓建成之后拍的。球石正面还雕刻了十字架。现在，这个球石差不多移动了1/4，十字架也一点儿一点儿地被埋在下面，都快看不见了。"

福尔摩斯好像听到了关键的词语，于是问道："球石仅仅是在冬

天移动吗？”

“是的，这个地方的冬季特别冷。每年一到冬天，我就到法国南部的别墅去，春天再回来，并去先夫的墓地扫墓。这时，总是发现球石有些移动。我想，是不是我的丈夫也想与我一起去避寒，要从墓石下面出来？”

福尔摩斯觉得事情有些蹊跷，就请这位夫人带他去墓地看看。

到了墓地，福尔摩斯看到在一堆略微高起的土丘上，一座墓地朝南而建，四周有高高的铁栅栏围住，表示闲人不能随便进入。在四方形台石上面，有一个直径 80 厘米的用大理石做成的球体，为了不使球体滑落，台石上挖了一个浅浅的坑，把球正好嵌在里面。浅坑里积有少量的水，周围长满苔藓。如果球石的移动是有人开玩笑的话，那么，人就需要用杠杆来移动它，那在墓地和苔藓上该留有一道痕迹才对。可是，这里又一点儿痕迹也没有。如果有人不用杠杆而用手或身子去推球石，那凭一两个人的力气是根本推不动的。这是怎么一回事呢？

最后，福尔摩斯用手摸了一下浅坑里的积水，沉思了片刻后说："夫人，墓石的移动是一种物理现象，与男爵的灵魂没有任何关系。"

请问，福尔摩斯所说的物理现象是怎么一回事呢？

遇到这种情况，一般人一定会从地上找原因，结果也只是排除了人为因素而不能实质性地解决问题，但是福尔摩斯却是善于突破的，当他从地面上找不到原因的时候，很快地就想到了地下。于是，他从坑口的积水处找到了灵感，将目光深入到地底下，看清了整件事情的来龙去脉。

当地气温比较冷，当下雨落雪的时候，坑里会有积水，在夜晚都会变成冰。但是，白天温度要稍微高一点，有太阳照射的南面，冰会变成水，而北面仍然结冰。因此，当时间长了，就会造成坑内南面松动，导致沉重的球面缓慢地向南移动，如此一来十字架也会一点点被隐埋起来。

霜的痕迹

私人侦探华生原本是到一个风和日丽的小岛上度假，谁知道今年由于受到异常寒流的袭击，小岛上的气温骤然下降了，每天的早晚都异常寒冷，甚至到了零度以下。

华生也破解不了“侦探走到哪里，哪里就有案子发生”的宿命，他本想悠闲地度个假，却在一个寒冷的晌午，接到了一位名叫金妮的女士打来的电话。金妮女士称自己前段时间外出旅行写生，这两天回家后却发现家中被盗了。金妮说家里虽然没丢什么贵重的东西，自己的饰品的宝石全是仿制品，照相机也是便宜货，都不值什么钱，但是金妮还是很担心，因为她单身一人居住，小偷能任意进出她的家，这让她很不安。华生就答应了金妮女士的请求，来到了金妮女士的别墅中。

金妮女士的别墅坐落在环湖半周的杂木林中。华生到达时，她正焦急地等在门口。金妮女士一看到华生，就立即带着华生到了东侧的院子里，去查看罪犯留下的脚印。当时已是太阳偏西了，院子被别墅的阴影遮住，地面非常潮湿，因此罪犯的脚印清晰可见。

华生发现这是一个鞋底为锯齿花纹的高腰胶鞋的脚印。根据脚印来看，罪犯就是由此进来，打碎厨房的玻璃门溜进室内的。华生看过之后，用画室里的电话向警方报了案，然后便回旅馆去了。

当天晚上，警察局长给旅馆打来电话，告诉华生已找到了两名嫌疑人。一个叫里维斯，昨天夜里 11 点钟，巡逻警察曾见他在现场附近徘徊；另一个叫唐纳德，今天上午 11 点 30 分前后，同样是在现场附近，附近别墅的管理员发现此人形迹可疑。

“这两个人被人看见时，都穿着高腰胶鞋吗？”华生问警察局长。

“不，具体的我还没有核实，但搜查过他们的住宅，并没有发现胶鞋。大概是怕被当作证据而处理掉了。虽然尚未发现被盗的物品，但两人都是专门在别墅溜门撬锁的惯盗，所以只要扣他们一个晚上审查一番，是罪犯的那一个就会受不了招供的。”

“里维斯从今晨天不亮到中午过后这段时间有不在现场的证明吗？”

“里维斯从深夜 1 点到中午过后这段时间确实有不在现场的证明。他在朋友家里打了一通宵的扑克牌游戏，早晨 8 点左右同朋友一块儿上的班。在这以前有人看见他在现场附近出现过，所以他的不在现场的证明是没有任何意义的。”

“可这两个人之中，哪个是真正的罪犯，就凭这些证据就足够了。昨天夜里是晴天，天气不是更冷吗，那么罪犯是……”华生果断说出了罪犯的名字，使电话另一端的警察局长大吃一惊。

你知道华生指出的罪犯是谁吗？这是为什么呢？

华生指出的罪犯就是唐纳德。当华生看到院子留下的罪犯的胶鞋印清清楚楚，就知道谁是真正的罪犯了。因为那个院子很潮湿，像昨天夜里那样的低气温照理会结霜，所以如果罪犯是昨天夜里潜入室内作案的话，鞋印肯定会因结霜而走样变得不清楚。与此相反，鞋印清楚得连花纹都清晰可见，这说明是天亮之后也就是霜融化之后作的案。这样，真正的罪犯就是今天上午 11 点半左右在现场徘徊的唐纳德。里维斯因从深夜一点到中午过后有不在现场的证明，所以是清白的。

手白的女子有嫌疑

初夏的一个晚上，为了调查一个案子，私人侦探福尔摩斯就去访问了国内炙手可热的电影明星艾丽克丝。

“请问您昨天下午三点左右在哪儿？在干什么？”福尔摩斯这样询问艾丽克丝，想知道她是否有什么不在现场的证明。

艾丽克丝答道：“我一直都很喜爱画画。那天我就是在平台上写生来着，画的就是这幅画。”说着，艾丽克丝还指给福尔摩斯看她放在画架上的一幅油画，画的是从楼顶上仰视摩天饭店的景观。能看出来，艾丽克丝画得很不错。

艾丽克丝接着说道：“新闻上有报道过，我因为一起交通事故而住了三个月的医院，直到前天刚出院。我还没有接到新的工作，所以从昨天起就一直在画画，也好解解闷儿，打发一下时间。而且，最近是连续的大晴天，我已经很久没晒过太阳了，这是多好的日光浴呀！”

“怪不得您的脸看起来黑红黑红的，显得很健康的样子，我想这也是晒的吧？请问现在几点啦？不巧我忘了戴表。”探长福尔摩斯若无其事地问道。

“六点半了。”艾丽克丝看了看戴在左手腕的手表答道。

这时，福尔摩斯注意到，她的左手指好似白鱼一样白皙细嫩，美极了，粉色修长的指甲也格外漂亮。艾丽克丝察觉到福尔摩斯敏锐的视线在注意自己的手，便问道：“我的手怎么了？”

福尔摩斯没有说什么，只说是被她漂亮的指甲迷住了，还问道：“您不是左撇子吧？”

“嗯，不是的，那又怎么了？”

“您晒了两天日光浴，并且一直在画画，可是左手却一点儿也没有晒黑，我觉得这有些奇怪。”

艾丽克丝听闻笑道：“哈哈，这是因为我的左手端着颜料板的缘故，所以才没晒着。”

谁知，艾丽克丝话刚说完，福尔摩斯就断定艾丽克丝说了谎，说她提供的不在场证明是假的。请问，福尔摩斯为何会这样断定呢？

按照艾丽克丝说的来看，她的拇指应该被晒黑的。因为写生油画时，一只手端着颜料板，被遮住晒不着，但是，只有拇指露在颜料板的窟窿的外面，照理是会被晒黑的。但是，艾丽克丝的左手五个指头却都像白鱼一样白，所以才引起了侦探的疑心，认为她说了谎话。

车厢消失之谜

大家能想象得到吗？一辆正在疾驰的火车，其中的一节车厢却悄悄地消失了！很多人听到这则消息都觉得这是在胡说八道，但是，这样一个令人难以置信的案件却发生了。

当时，据说有一批世界名画需要运送，于是，人们想了一个很好的办法，将名画装到普通列车的中间一节车厢中，打算混淆视听。到了晚上 8 点，货运列车从新康庄发车时，名画还在车上，毫无异常。可是到了下一站高里郡车站时，那节装有名画的车厢却不见了！可以确定的是，火车在行驶的途中一次也没停过。

在新康庄至高里郡之间虽然有一条支线，但那是为了夏季旅游而专门设置的，平时一般不会开通使用。但到了第二天，消失的那节车厢恰恰就在那条支线上被发现了，里面的名画已经被洗劫一空！

令人感到不可思议的是，那节挂在列车正中间的车厢怎么会从正在行驶的列车上脱钩，并跑到那条支线上去了呢？对这一奇怪的案件，警察调查了很久都毫无线索，束手无策。在这种情况下，警察请来了著名侦探格里高利。

格里高利沿着铁路线在两站之间徒步搜查，尤其仔细查看了支线的转辙器。只见转辙器已经生锈，但轮带上却有上过油的痕迹。格里高利看到这里，点头说道："果然在我意料之中！这附近有人动过它。"说完，格里高利就将转辙器上的指纹拍了下来，送到伦敦的警察厅请一位验证指纹的朋友帮助鉴定。格里高利得知这是有抢劫列车前科的大盗金基德的指纹。于是，格里高利查明了金基德的躲藏处，只身前往。

格里高利一到金基德的住处，就要求金基德把从列车上盗来的名画交出来。金基德抵死不肯承认是他偷的画。于是，格里高利说道："转辙器上有你的指纹。当然了，作案的并不只有你一个人，你至少还应该有两个同伙，否则是不会那么容易就把车厢卸下来的。"

金基德看到格里高利三言两语揭穿了自己一伙人的作案伎俩，只好交代了案情。请问，金基德他们究竟是用什么手段将整节车厢从行驶的列车上卸下来的呢？

我们先将三名罪犯分为A、B、C，设被摘下的货车为X。A和B潜入列车，C在支线道岔的转辙器处等候。列车从新康庄一发车，A和B就将一根粗绳子系在货车X前后两节车厢的连接器上。绳子绕到X外侧，也就是同支线正相反的一侧。当列车接近支线时，就打开X前后两车厢上的连接器，绳子连接着，前后的车厢不会分离，照样往前走。在支线等待的C在X前后车厢的边轮踏上交叉点的一瞬间，迅速切换转辙器。这样，X就滑上了支线。而不等X后部车厢的车轮踏上交接点，再把道岔转辙器回位。这样一来，后边的车厢就被粗粗的绳子拉着在干线上行驶。

不久，列车接近高里郡车站，速度减慢，被绳子拉着的后边车厢因为惯性会赶上前边车厢。这时，罪犯A和B再关上连接器，卸下松弛了的绳子，跳下列车逃走。另一方面，滑入支线的货车X走了一阵后会自动停下，罪犯也就可以轻而易举地将装在上面的名画全部盗走。

在这个案例当中，格里高利利用转辙器上的指纹以及轮带上的油迹，又根据物理学的原理，推算出车厢的运动位置，找到真正的凶手。

剧烈的毒酒要人命

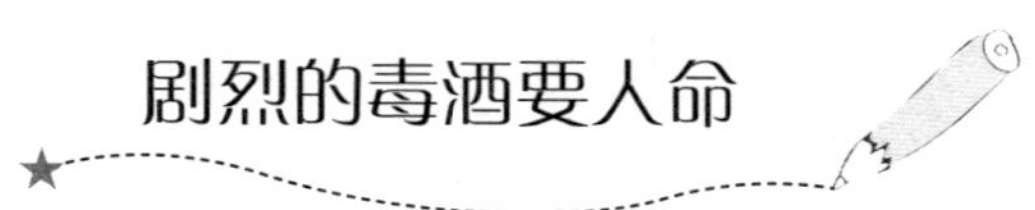

闻名中外的大侦探安德烈最近刚破了一个大案子，想着放松一下，于是来到了一个小镇上度假。

这一天，安德烈和他的好朋友逛了一下美景，就一起坐在一家酒店里喝酒。两人正聊得酣畅的时候，隔壁桌上的一位客人却突然倒在了地上，并不断呻吟起来，还伴随着不停的呕吐。

从周围人的三言两语中，安德烈了解到这位客人是一家工厂的老板，这次就是来谈生意的。而这位老板一倒下，他带来的两名保镖也立刻拔出枪，对准了与工厂老板同桌的另一位商人。

安德烈急忙上前制止，并询问是怎么一回事。经询问，安德烈才知道对方刚谈成一笔生意，而且，工厂老板已经开出了一张支票，双方这才共同喝酒庆祝。谁知，就在这时候，工厂老板竟然中毒了！同桌的那位商人一脸惊恐，吓得不知所措，连连说这件事与自己无关。

安德烈没有说话，他只是走上前，摸摸温酒的锡壶。原来，这位工厂老板因为酷爱中国文化，很喜欢喝中国的白酒，于是，这次谈生意时这位老板和同桌的商人一起喝的便是中国的白酒。当时因为天气冷，他们还学着中国人的样子像模像样地温了酒。随后，安德烈又打开盖子，看到壶里的酒表面上浮着一层黑膜，于是肯定地说道："果然是中毒了。"

这时，工厂老板指着商人虚弱地对安德烈说道："这位朋友，请你救救我！他身上一定带着解毒药！请你让人搜出来……"

没想到，安德烈却笑着说："他身上没带解毒药！这酒是你做东请客，他怎么有办法投毒呢？"

大家一听这话，都惊呆了！难道酒里没有毒吗？"有毒"，安德烈笑笑说，"而且，凶手就在这里。"

那么，大家知道安德烈说的是什么意思吗？

在这个案例当中，工厂老板利用锡壶有毒的现象，嫁祸给与他谈生意的商人，就是为了敲诈商人。

在文中有一个很重要的线索，那就是店里面温酒用的壶是用锡做的。众所周知，锡壶大多是铅锡壶，里面的含铅量很高。当店里的服务员把铅锡壶放在炉子上温酒时，酒中就带上了浓度很高的铅和铅盐，这也是为什么酒面上会浮有一层黑膜的原因。这个时候，如果客人多饮几杯，就会出现急性铅中毒的情况，造成别人下毒的假象。所以说，工厂老板是中毒不假，却不是与他谈生意的商人下的毒。

Part 9

联想思维：善用联想，柳暗花明

爱因斯坦创立相对论的过程，是一个非常曲折的过程。他在做了大量的基础准备、理论积累之后，开始想象在所有相互做匀速直线运动的坐标系中，光在真空中的传播速度等自然定律都是相同的，最后又联想到光线在引力场中的情景。就这样，在一系列丰富的联想后，爱因斯坦创立了相对论。由此可知，联想之于人类生活的重要性。所以，这一章我们就来锻炼一下自己的联想思维，让这种卓越的思维方式在山重水复之中给予我们帮助。

充满趣味的标点

有一位书生到亲戚家串门。吃过晚饭后，天突然下起雨来，这位书生只得准备住下来。但这位亲戚却不乐意，又不好直说，于是就在纸上写了一句话：下雨天留客天留人不留。书生看了，即刻明白了亲戚的意思，但他不好明说。他想干脆一不做、二不休，于是将那句话以这样的语气断句：下雨天，留客天，留人不？留！亲戚一看，这句话的意思与自己原来的意思完全相反了，但也无话可说，只好给书生安排住宿。

其实，那句话除了书生断句的一种方法外，还有三种方法，可分别使它变成陈述、疑问、问答三种句式，请你加上标点试一试。

汉语博大精深，含义丰富，而古代汉语并没有形成完备的标点符号体系，如果断句不清，就很容易造成误会。现代汉语中的标点符号就是用来辅助文字记录语言的符号，是书面语的有机组成部分，用来表示停顿、语气以及词语的性质和作用。标点符号使用的地方不一样，产生的效果也不一样。题目中出现的那句话，加上不同的标点符号，还能有不同的意思：下雨天，留客，天留，人不留。（陈述句）下雨天，留客天，留人不留？（疑问句）下雨天，留客天。留人？不留！（问答句）

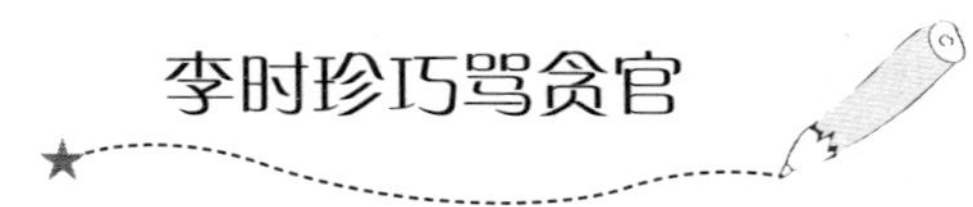

李时珍巧骂贪官

明代医学家李时珍曾担任过一段时间的四川蓬溪知县，后来因为官场黑暗，李时珍不想同流合污，他才决定辞官回乡行医。李时珍在离职前，接任的县官已经到了，还说要为李时珍饯行。

当天，李时珍和县官一起吃完了饭，那新县官就向李时珍求道："早就听大家说您的医道十分高明，我最近身体有些虚，不知可否为下官开一贴滋补的药方？"李时珍其实对这个新县官并无好感，他早就听说此人是个"酒色财气"四大全的昏官。可是，面对新县官的要求，他也不好回绝，所以就同意了。但是，李时珍也很聪明，他假装答应给新县官开药方，但是那并不是一副简单的药方。

李时珍略一思索，为他开了这样一剂药方：柏子仁三钱、木瓜二钱、官桂三钱、柴胡三钱、益智二钱、附子三钱、八角二钱、人参一钱、台乌三钱、上党三钱、山药二钱。写完后，李时珍交给新县官，在他的感谢中扬长而去。

第二天，那位昏官兴冲冲地将李时珍给他开的药方交于师爷去抓药。师爷细细一看，忙说："大人，您这是被李时珍给骂了！"接着便向昏官解释其中的奥秘。那昏官一听，气得直拍桌子，扬言将来要治罪于李时珍。

那么，大家知道李时珍写的药方是如何骂这个贪官的吗？

其实答案很简单，我们只要把药方里每种药的第一个字连起来一念就知道了：柏木棺材一副，八人抬上山。

解答这个问题的关键要对藏头诗有一定的了解：一般是将自己真正要说的话藏在每句诗中的第一个字或最后一个字，然后再把这些字连起来读，就可以传达作者某种特有的思想感情了。

一百一十一座庙

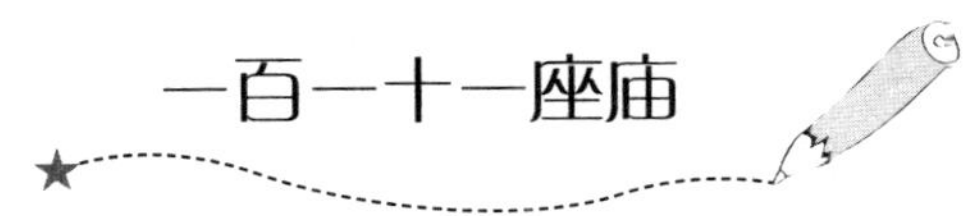

春秋时期，有一个著名的建筑工匠，姓公输，名般，鲁国人，因"般"与"班"同音，所以人们都叫他鲁班。

鲁班十几岁时就投师学艺了。有一天，他跟师父到山上游览，走到了一棵古柏和一块巨大的怪石跟前，师父说道：“古树怪石连在一起，还真是少见。”鲁班说：“若是在这石上建一座庙，景色就更美了。”师父听了鲁班的话，认真而又严肃地对鲁班说：“好！你就在这里建成一百一十一座庙吧！”

听师父这么一说，鲁班愣住了，心想：这儿的怪石固然巨大，但哪里能容下这么多的庙宇啊？一连几天，鲁班一直在琢磨师父关于建庙的话。鲁班想，师父从来不随便乱说，这句话必然另有含义，就看怎么处理了。

一天早晨，他又到了古柏下，对着那怪石静静思索。忽然，鲁班眼睛一亮，脱口一声“有了”，立即跑回问师父：“您说的一百一十一座庙，意思是‘××××××××’吧？”师父笑着回答：

“对。我这是用谐音说的隐语，你能动脑筋，很好。无论做什么事都要多动脑筋才会成功。”

那么，大家知道鲁班的师父说的“一百一十一座庙”究竟是什么意思呢？

一柏一石一座庙。“百”谐音为“柏”，“十”谐音为“石”。实际上师父只要求鲁班在这一柏一石之处建成一座庙。

鲁班教徒弟

鲁班是中国历史上有名的能工巧匠，他生平有过很多徒弟，但是在他年老之时，他想把自己的看家本领教给自己最聪明的徒弟。但是，谁是最聪明的呢？鲁班决定考考他们。

一天，鲁班把自己的徒弟全部叫了过来，对他们说道：“明天你们一清早就来我家，我打算考一考你们。”

第二天清早，徒弟们早早地就来了，但师父家的门却关得死死的，而门上写着五个大字：“今日可不见”。大家一看，都准备回家，打算明天再来。谁知，年龄最小的徒弟却说道："师父有可能在河边，我们去那里看看吧！"大家不约而同地问道："你是怎么知道的？师父告诉你了吗？"小徒弟说："不，我是从门上的五个字中想出来的。"然后小徒弟就向大家解释了一番。大家一听都觉得小徒弟说得有道理，就一起到了河边，鲁班果然坐在那里等着他们。

鲁班见徒弟们都明白了他的意思，心里很高兴。他指着身边的一堆梓木说："你们就用这些梓木做三天的活，一定要做得精。这就是我要考你们的题目。"说完，鲁班就回家去了。

鲁班走后，他的徒弟们各自拿了一些梓木，回到自己的住处认真地干起来。三天的时间很快就到了，徒弟们纷纷拿着自己精心制作的作品来到了师父的面前。鲁班一看，做什么的都有。有的手里拿着雕琢精湛的飞禽走兽，有的用那些梓木板制作了花卉草木……但是，鲁班连连摇头，因为他没有看到他想要的东西。

正在这时，小徒弟来了，手里捧着一个很精巧的梓木小书架，书架的结构正好是一个"晶"字。当他恭恭敬敬地把书架送到鲁班手里的时候，鲁班赞赏地点了点头。他举着这个小书架对其他的徒弟说道："这才是我要求你们做的东西。作为一名工匠，不仅要有精巧的手艺，还要有一个机灵的头脑。你们回去好好想想，为什么做错了。"

徒弟们你看看我，我看看你，都不明白是怎么回事。一离开师父，他们就围住那个被师父夸奖的小徒弟，七嘴八舌地问道："我们到底错在哪里？""你为什么会做一个'晶'字形的书架？"小徒弟把自己的想法说了出来，师兄们才恍然大悟，但为时已晚。通过这次出谜语试徒弟，鲁班选出了最得意的门徒，便毫无保留地把自己的看家本领传给了他。

那么，大家知道鲁班出的谜语分别有什么含义吗?

第一个谜语谜底是“觅”字，第二个谜语谜底是“晶”字。

第一个谜语中，鲁班说“今日可不见”，“可”是“河”字的一边，而“不见”两个字合在一起就是“觅”字，鲁班是在暗示自己的徒弟今天要到河边去找他；第二个谜语，鲁班说“用梓木来做三日”，就是要大家东西做“精”的意思。而且由于“梓”是“字”的谐音，“精”是“晶”的谐音，三个“日”字，正好是一个“晶”字。

宋朝时期，做买卖的张五刚刚新婚不久，就为了生计出远门做生意去了。可不幸的是，恰逢兵荒马乱，回家的路途又遥远险恶，所以张五被迫在外好多年，都没能回家一趟。他天天想念着家里的妻子，而妻子也一直在急切地等着张五早日归来。

一次偶然的机会，张五结识了一个打仗的士兵。巧合的是，这名士兵所在的军队将要去对抗外敌，并路过张五的家乡，于是张五就想让这个士兵朋友为他带一封书信给妻子，以解思念之苦，并报个平安。那士兵爽快地答应了他。

张五虽然是个生意人，却性格腼腆，他想信中如果写一些儿女之情的话必让朋友见笑，于是灵机一动，写了一封甚是特别的信交给了这个士兵。士兵很讲信用，在来到张五的家乡后，便把信送到了张五妻子的手里。

妻子拿到信后连忙打开，只见上面没有一个字，却画了四幅图画：第一幅是七只鸭子，第二幅是空酒瓶，第三幅是一头大象，第四幅是一个人骑着马，正往一间房子飞奔。这名士兵还在想这是什么意思呢，却见看完信的张五妻子已经流出了眼泪，而且开心地笑了。

士兵百思不得其解，不知道是什么意思。请问，你知道这封信中画的这四副图画的含义吗？

这四幅图连在一起的含义是：妻（七）呀（鸭），好久（酒）不见，想（象）你了，马上回家。

在解答这道题的时候，用到了联想思维方式，加上谐音，正好以画为文，表达了张五对妻子的思念之情。

运动员的姓氏

一个体育俱乐部新加入了六位会员。俱乐部为了增强彼此之间的印象，要求这六名新会员在相互做自我介绍时，不可以直接说出自己的姓氏，要以游戏演示的方式来向大家介绍。

其中一位篮球爱好者指着两棵并排的树说：“我姓它。”

一位跳高运动爱好者顺手把一根木尺往土堆旁一插，说：“我姓这个。”

一位射箭选手把手上的弓使劲一拉，说道：“这便是我的姓。”

一位围棋爱好者捡起一些棋子放在一只瓷盆上，开口道：“这是我的姓。”

一位田径会员取来一本《作文选》，放在足球场的球门下，笑着讲：“这里藏着我的姓。”

最后一位武术爱好者走上前拿过这本《作文选》，把手中的一把单刀和书并排放着，笑呵呵地说道：“大家看，我就姓这个。”

请问，你猜到这六位新会员到底都姓什么吗？

第一个篮球队员姓林，因为两棵树即两个“木”在一起，就是“林”字；跳高队员姓杜，他把木尺往土里插，就是“木”加“土”；射箭队员姓张，他使足力气把一个弓拉得很长，就是“张”字的意思；围棋队员姓孟，把棋子放在盆上，“子”和“皿”就是“孟”字；田径队员姓闵，因为球门取“门”字，在书名里取“文”字，“门”和“文”组成的字就是“闵”；武术队员姓刘，因为刀就是立刀旁，加上一本书就是加上“文”，即“文”加“刀”为“刘”字。

郑板桥对对联

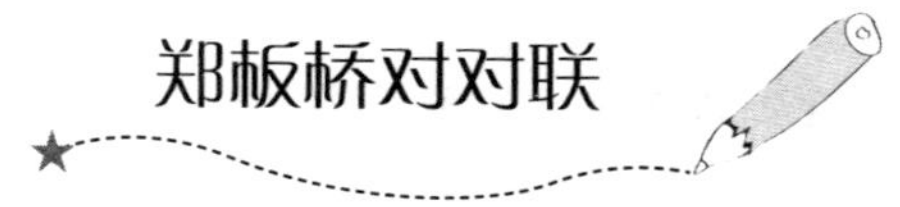

郑板桥是历史上有名的文人，他出身于书香门第，不仅文采斐然，也是一个好官。他曾在康熙末年中秀才，雍正十年中举人，并于乾隆元年中进士，五十岁起先后任山东范县、潍县知县计十二年。因为郑板桥有着“得志加泽于民”的思想，他在为官的那几年对连年灾荒的平民百姓采取了“开仓赈贷”“捐廉代输”等举措。没想到，郑板桥的这些举动引起了贪官污吏、恶豪劣绅的不满，最后遭奸人陷害，被贬官了。之后，郑板桥就靠着卖字画维持生活。

尽管郑板桥的生活已经十分困难了，也不做官了，却没有放弃与那些贪官污吏做斗争，还经常接济穷苦人。

有一年的春节，郑板桥要和朋友一道出门办事。两人走在路上有说有笑，忽然，他们看到一户人家的门上贴着一副很有意思的对联。那对联上联是“二三四五”，下联是“六七八九”。

郑板桥和他的朋友都停下来看，就在他朋友还在想这是什么意思的时候，郑板桥跟朋友说让他等一会儿，马上回来。朋友纳闷儿，不知道他要干吗去。过了好一会儿，只见郑板桥拿着一包旧衣服和一袋子粮食匆匆赶来。他们敲开那户人家的门，原来是一个穷书生，正在为饥寒发愁。郑板桥就把东西都给了那书生，然后就和朋友离开了。

朋友问他：“你怎么知道他缺衣服和粮食呢？”

郑板桥很得意地说：“是那副对联啊！”

请大家猜猜看，那副对联是什么意思呢？

上联缺“一”，下联少“十”，就是“缺衣少食”的意思。

卡西莫多死案疑云

卡西莫多是多伦多一所公立大学的生物学教授，他住在田园公寓 A 座 12 号楼。早在几年前，卡西莫多因为与妻子安吉利亚性格不合，两人感情破裂而离婚了，唯一的女儿也判给了妻子抚养。因此，卡西莫多一直过着独身的生活。

然而，有一天，卡西莫多被同事本杰明发现死在了家中，本杰明即刻报了警。等警长富兰克林带着助手珍妮丝来到现场后，发现卡西莫多仰面躺在客厅的地板上，身上有两处刀伤，地上的大片血迹已经干涸，说明卡西莫多死了一段时间了。

两人在案发现场搜查了半天，并未找到有价值的线索。检查卡西莫多的尸体时，他手里紧紧攥着的两个油炸牡蛎黄却吸引了两人的目光。富兰克林显得有些疑惑，一个临死的人，为何要紧紧抓住牡蛎黄不放呢？这是他从未遇到过的。

后来，几经排查，富兰克林将目光确定在了两个犯罪嫌疑人身上：一个是死者的前妻，中学语文教师安吉利亚；另一个是死者的侄子，在歌剧院男扮女装做演员的主角毛利斯。警察得知，安吉利亚对他们唯一的女儿非常宠爱，甚至到了溺爱的地步，卡西莫多认为这对女儿的成长很不利，因此在前段时间提出收回抚养权。富兰克林猜测，安吉利亚很有可能因此而生恨，才杀死了卡西莫多。

而卡西莫多的侄子毛利斯是个不务正业的人。他虽然是个演员，却不好好表演，反而喜爱赌钱，前段时间刚刚输了一大笔钱，又跑来找卡西莫多借钱。此前，卡西莫多已经借给他几次，并要他戒赌，谁知他不知悔改，卡西莫多便坚决不再借钱给他，并将他训斥了一顿赶出家门。毛利斯很有可能对此不满，起了歹意。

但两人不可能合伙作案，凶手只能是其中之一，到底会是谁呢？

凶手是毛利斯。

富兰克林将卡西莫多的职业——生物学教授和牡蛎黄联系到一起，认为牡蛎黄一定象征着某种东西。他跑去查百科全书，结果在百科全书中找到了关于牡蛎的介绍，牡蛎是一种雌雄同体的生物，它会因时间的变化改变自身的性别。由此，富兰克林认定凶手就是在歌舞伎中男扮女装的毛利斯。

信中的秘密

一家名为《科学游戏》的杂志社收到了一封特殊的来信。编辑打开一看，上面只有两行字：

红彤彤，一大蓬，见风它就逞狂凶。

无嘴能吹天下物，单怕雨水不怕风。

大家都认为这是恶作剧，唯有其中一位戴着老花镜的编辑说这不像恶作剧，倒像是一个人出的谜语。于是，这位老编辑就推敲起来。老编辑心想："上面两行字的谜底是'火'，是不是暗示着读信要用火呀？"

于是，老编辑将自己的观点说了出来，得到了其他编辑的赞同，大家便点燃一根蜡烛，在火焰上烤信。果然，没一会儿，纸上就出现了几行黑褐色的字。

编辑叔叔、阿姨：

你们好！

我是一个科学游戏的爱好者，也是贵刊的忠实读者。贵刊非常精彩，我每期必读，受益匪浅。在此非常感谢你们为此付出的心血！我想，既然贵刊叫《科学游戏》，我在投稿中也就来个科学游戏的方法，用隐形密信来投稿。你们不会见怪吧？

祝贵刊越办越好！

总实读者 马肖桃

你知道这封信的秘密吗？

其实这是一个化学小实验。如果我们用白糖水来写一封信，等到晾干后什么也看不见了。但是，我们将信在火上烤一烤，由于上面的文字是用糖水写成的，糖是碳水化合物，其实也就是我们常说的有机物，有机物受热碳化而变黑，从而出现了黑褐色的字体，就很容易读出上面的文字来。字迹颜色的深浅，和糖水的浓度成正比例。在进行这一实验时，一定要注意安全，防止因纸张燃烧而受伤。

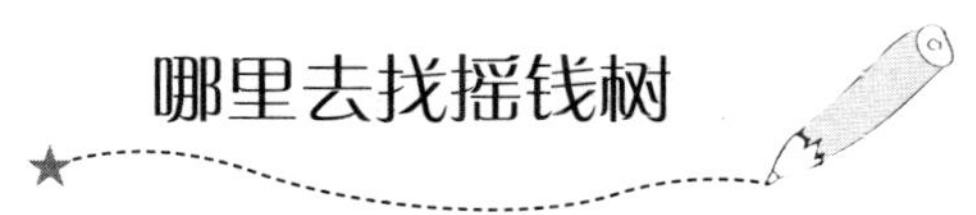

哪里去找摇钱树

很久以前，有一个人名叫刘喜乐，他从小就好吃懒做，长大以后仍然恶习不改，整天吃喝玩乐，东游西逛，就是不找活干。后来，刘喜乐把父亲留给他的遗产都挥霍得一干二净，连吃饭都上顿不接下顿了。即便如此，刘喜乐宁可饿着肚皮或者是讨饭吃，也懒得去干活挣钱。

有一天，刘喜乐在街上无所事事地游荡，突然听到说书人在说故事，刘喜乐就去听了听。这个说书人说世界上有一种摇钱树，只要找到这种树，用手一摇，那钱就会哗哗地往下掉。懒汉刘喜乐心想：要是我能找到摇钱树，这辈子就有享不尽的荣华富贵了，就再也不为钱发愁了！于是，刘喜乐就去找摇钱树。

刘喜乐见人就打听摇钱树在哪儿，询问大家有没有见过摇钱树。很多人被问得莫名其妙，都说刘喜乐是不是想钱想疯了。还有很多人说："要是真有摇钱树，我们早就去找了，还轮得到你？"所以谁也不搭理刘喜乐。

就这样，刘喜乐坚持寻找了三个月，也没问出个结果来。虽然他累得筋疲力尽，但他还是不死心。

这一天，刘喜乐像往常一样出门去找摇钱树。他来到了一片田间，见到一位精神饱满的老农在田里干活，就拱手问道："老大爷，您知道哪儿有摇钱树吗？"

老人家上下打量了刘喜乐一番，然后笑着对他说："你要找的这摇钱树啊，到处都有。"

刘喜乐一听，急忙说道："真的吗？老大爷，那您赶紧带我去找一棵吧。"

老人家一摆手，说："你先别着急，让我把摇钱树的样子告诉你，你自己就可以找到它了。"

刘喜乐赶忙凑上前来洗耳恭听。老人慢慢说道：“这摇钱树的样子是，两枝杈，十个芽，摇一摇，开金花，柴米油盐全靠它。”

刘喜乐听后，细细地琢磨，如梦初醒，连声向老人道谢。从此以后，他按照老人的指教，日子过得一天比一天富裕了起来。

你知道老人说的摇钱树是什么吗？懒汉后来为什么能过上好日子了？

老人说的“摇钱树”其实就是人的“双手”。

Part 10
逆向思维：
不按常理，不落俗套

我们都学过一篇课文叫作《司马光砸缸》。司马光之所以能够成功救下小伙伴，就是因为他打破了常规的思维模式，使用了逆向思维，“让水离人”，救了小伙伴的性命。所以，在必要的时候，尤其是遇到一些特殊问题，我们可以“反其道而思之”，突破常理，让自己的思维朝着对立的方向发展，从求解回到已知条件，说不定会有新的突破。

县太爷审案

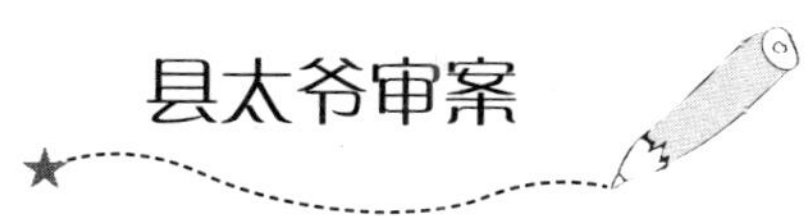

从前，有一个年轻人在出远门前把一百两银子寄存在一个老头儿那里，等他回来之后再用。可是，等到年轻人回来后，他想向老头儿要回这笔钱，哪知老头儿翻脸不认账，硬说没有拿过他的钱。于是，年轻人就把他告到了县衙。

县官听了年轻人的叙述，将老头儿传来问话，问他究竟拿过钱没有。老头连哭带闹，矢口否认。县官又问年轻人有没有证人，年轻人回答说："没有。"

县官又问："你在哪里把钱交给这个老头儿的呢？"

年轻人回答："在一棵大树底下。"

县官说："你现在就到大树那儿去，就说我传它到公堂之上问话。"

年轻人发愁地问："我怎么对那棵树说呢？"

县官说道："你把我的大印带去，吓唬吓唬它，它就来了。"

年轻人虽然觉得县太爷的建议莫名其妙，但是因为这是县太爷的命令，他不能不从，就带着大印朝大树去了。这时候，那个老头儿却在大堂下暗暗地发笑。

过了半小时，县官看了看太阳，问老头儿："怎么样，他走到大树跟前了吗？”

老头儿回答说：“还到不了。”

又过了一个小时，县官又问：“年轻人现在该往回走了吧！”

老头儿说：“该往回走了。”

过了一会，年轻人回来了，他愁眉苦脸地说：“老爷，大树不跟我来呀！”

县官笑道：“诚实的年轻人，现在我可以判决了。你不要着急，这个不诚实的老头儿一定要赔钱给你的。”

请问，县官根据什么认为老头儿不老实，并判决他还钱的？

答案

在这里，县官是从逆向思维的角度出发，来审理此案的。县官是这样推论的：年轻人说在一棵大树下把钱交给了老头儿，如果这话是假的，那么，这个老头儿根本就不会知道什么地方会有这样一棵大树。这样，当县官问老头“怎么样，他走到大树跟前了吗”等问题时，老头儿应该回答说“不知道”“不清楚”。但是，从这个老头儿的回答中，县太爷看出来这老头儿是清清楚楚地知道这棵树在哪里的，可见年轻人的话不假。因此，可以断定这个老头儿是很不诚实的。

由此可知，谎言之所以是谎言，就是因为它的不真实性，既然不真实就一定会与事实自相矛盾。所以，要想揭露一个谎言，还是要找到谎言与事实相违背的地方，并以此为切入口击破谎言。

把木梳卖给和尚

一家木制品的公司因为经营有方，急需要扩大业务，因此准备招聘一批销售人员。前去应聘的人有很多，这家公司就想到了一个绝佳的选拔方法。公司把所有的应聘人员召集到一起，宣布说："为了能选拔出高素质的营销人才，现在我们布置一个任务，谁有办法把木梳卖给和尚，我们就会聘用他。"

谁都知道和尚是不用木梳的，把木梳卖给和尚简直是不可能的事情！于是很多应聘者觉得是这家公司在故意为难人，就自己离开了，到最后只剩下董鑫元、张小笨和王大川三个人。公司经理给了他们十天的时间去完成任务。

十天过去后，三人都回到公司。据了解，董鑫元当时找了很多寺院，一说自己是来卖梳子的，那些和尚就认为董鑫元是来捣乱的，就把他赶了出来。最后，只有一个善良的老和尚买了他的一把木梳。而张小笨到一个寺院的时候，当天正好刮大风，很多前去烧香的人都被风吹得蓬头垢面的，于是张小笨就劝说寺院买些木梳给信徒们整理头发，因此那个寺院买了他十把木梳。但这两人均未被公司聘用，因为王大川成功卖出了一百把梳子！

大家知道王大川的木梳是怎么卖出去的吗？

答案

这道题其实很简单，运用逆向思维就可以解题。很多人看到这个题，都把关注点放在了销售人员能卖多少梳子。其实，只要说动了庙里的和尚，就相当于有了卖家，销售自然而然就提高了。所以，销售员王大川可以这样对住持说："我看见很多信徒走了很远的路前来烧香，您为什么不赠这些信徒一些礼物呢？好让他们觉得不虚此行。我这里有一百把木梳，您用书法在每个木梳上写'积善行德'四个字赠予香客。信徒们领到礼物后定会相互转告，这样一来，寺院的香火就会越来越旺。您看这不是一件很好的事吗？"住持听完王大川说的话，觉得很有道理，就答应买下一百把木梳了。

无心之举的杀人

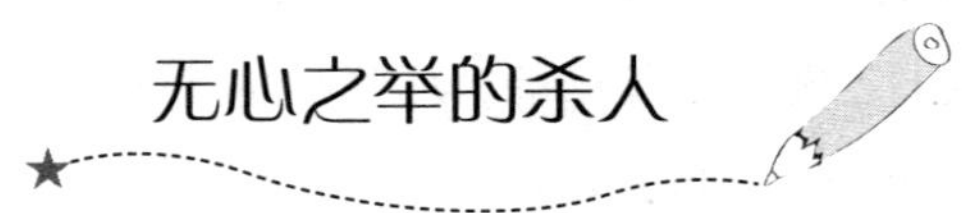

村子里有个性格孤僻的人，他不喜欢与人交流，所以他并没有将自己的家和其他人的家安在一起，而是自己单独住在山顶上面。

一天晚上，这个人正在睡觉，突然听到了敲门声。他非常诧异，因为几乎没有人来找他。他确定是敲门声后，就去打开门看谁来了。结果，这个人左看看右看看，却没有看到一个人影，于是他认为是风吹动门的声音，就转身关上门回去继续睡觉。

可是，刚躺下没一会儿，这个人又听到了敲门声，于是他再次满腹疑惑地去开门，但这次同样也没看到人。就这样反反复复地折腾了很久，他整晚都失眠了。

第二天，有人在山脚下看到一具尸体，就连忙报了警。经警察检查，这具尸体就是昨晚过来敲门的那个人。随后，警察就将住在山顶的人铐走了，请问这是为什么呢？

答案

很显然，本案例的结果是住在山顶上的人杀了昨晚上敲门的人。但是前者在晚上时根本没出门，他唯一的两个举动就是睡觉和听到敲门声后开门。很显然，睡觉是不会杀人的，那么唯一的可能就是开门这个举动了。根据逆向推理，死者尸体在山下，而那人住在山顶，假如他是杀人凶手，唯一的可能就是将死者推下山，但此人只有开门这个举动。要想将死者推下山去，就是说门是向外推的，且门外没有足够的站立区，只要此人一开门，死者就有可能被推下山去。如此反复几次后，死者终于摔死了。

如何帮助蚂蚁回到洞穴中

蚂蚁黑子和灰哥是一对好朋友，说起它们的相识，还有一段小故事呢！黑子和灰哥的家离得比较远，分别在一条地下通道的两头，这条路的中间只有几个岔道通往外面。而且，这条路也比较特别，只能容一只蚂蚁通过。

有一次，黑子要到灰哥家附近办事，而灰哥要到外面去，这样，它们便在靠近灰哥家附近的路上相遇了，无奈这是条“单行道”，两只蚂蚁谁都过不去，灰哥只得退出去，等黑子过去了再出去。经过这一次相遇，这两只蚂蚁小伙伴便认识了。

后来，黑子和灰哥商量了一下，觉得总这么下去也不是办法呀！于是，这两只蚂蚁便各自带了工具在它们上次相遇的地方的墙上挖了一个洞，这样，它们在相遇时，便可以其中一个躲在洞里，不用退得太远了。

这天，黑子和灰哥又在这条路上相遇了，可天有不测风云，不知道什么时候这条地下通道里多了一块砂砾，正好堵在墙上的洞里。黑子和灰哥远远地还在打着招呼呢，可来到洞边一看，却傻了眼，以前的办法已然行不通了。而且，如果把这块沙砾移出来的话，会又把通道堵住，这样的话，两只蚂蚁还是无法通行。难道它们只能用最笨的方法，再让灰哥退出去吗？是不是还有其他更加省时省力的办法呢？

请你帮一下这两只蚂蚁，该怎么做才能让它们都顺利地继续朝自己的方向前行呢？

其实，这道题和过河之类的题目很类似，就是用最省力的方法，让两只蚂蚁都顺利通过。每当这个时候，我们就不要按常理出牌了，要谨记“进是退，退也是进”。所以，我们可以让一只蚂蚁先把沙砾拉出凹处，放在通道里；然后另一只蚂蚁进入凹处，再由那只蚂蚁推着沙砾通过凹处后停下来；然后另一只蚂蚁爬出凹处，沿通道爬走；最后那只蚂蚁将沙砾拖回凹处，自己再通过。

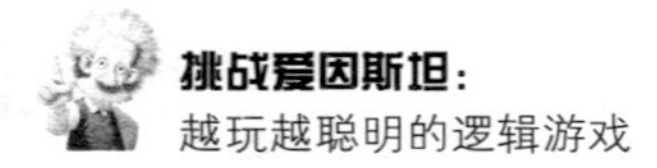

好奇心害死猫

富翁安第斯不堪年迈久病的折磨，于四天前服安眠药死去了。在临死之前，安第斯给侦探康托和侄儿乔吉分别留下了两封信。

在留给乔吉的信中，安第斯说道："在我死后的第四天，你进入我的卧室，打开藏在肖像后的保险柜，里面放着10万美元。你把这笔钱一分为二，一半赠给母校，一半给自己花销。记住，卧室的唯一一把钥匙在你那儿，你谁也不能给。"

后来，按照安第斯在信上交代的那样，乔吉邀请康托一同进入了叔叔的房间。康托看到壁炉的上方挂着一副肖像，炉台上还放着一盆绿色植物，宽大的叶片个个倾向墙壁，触及肖像。康托让乔吉打开保险柜，乔吉对密码时，康托就朝窗外望去，以示清白。当时，窗子在里边锁着，透过窗子的阳光刚好正对着壁炉，将壁炉照得光亮无比。就在这时，乔吉突然惊叫一声："哎呀，保险柜怎么是空的！"

"是吗？"康托严肃地说道，"那是因为你叔叔生前已经把钱寄给我了，他只是想考验你，看你是否等得了四天，你竟然没经受住考验。"

请问，康托是怎么看出破绽的？

根据逆向推理，乔吉没能经受住考验，说明他提前到房间里来过，并且曾打算秘密打开保险柜。那么，康托是怎么发现的呢？这就是那盆绿色植物了。因为保险柜藏在肖像后面，肖像旁是一盆绿色植物，乔吉要想打开保险柜，必须移动肖像前的绿色植物。那么，很显然乔吉是动了绿色植物了。因为如果四天不被移动，绿色植物的叶片应该倾向阳光，而现在叶片倾向墙壁，说明被移动过。

谁绑架了富翁的儿子

乔布斯集团董事长的儿子康通斯特被绑架了，绑匪自然是冲钱来的，而且他们还狮子大开口，要乔布斯准备100万美元赎回他的儿子，并且不能报警，否则就会撕票。

乔布斯当然以儿子的性命为重，他很快就准备好了100万美元。这时，绑匪却要他将赎金包成包裹，采用邮寄的方式寄给他。这听起来似乎有些怪异，但更怪异的是，绑匪竟然还提供了邮寄地址。乔布斯心想：这群绑匪真是愚笨之极，提供地址不就是自投罗网了吗？难道他们在玩什么花样？挣扎了很久，乔布斯最终还是决定给身为 FBI 警长的好友邦德打电话，向他求助。

邦德对乔布斯说："这真是一件奇事，我办案这么多年，也是头一回遇到绑匪写明地址的事情。说实话，我真佩服他们的思维，放心吧，你按照他们的要求将包裹寄出，我明天就能将这伙笨鸟捉拿归案。"

第二天，邦德果然抓住了绑匪，但不是在包裹的目的地，而是在包裹邮寄的途中。请问，这是怎么一回事呢？

侦破此案需要逆向推理。通常来说，人们会将注意力集中在包裹邮寄地址上，如果该地址确实存在，也不一定和绑匪有很大关联，也许是绑匪随便填写的；如果该地址不存在，那么警员之前的所有努力不仅是白费，而且还失去了破案的最佳时机。所以，警长并没有从这条思路出发，而是运用逆向思维，思考绑匪为什么提供详细地址。事实上，绑匪们只不过以此为假象掩盖他们真正取走赎金的方式，绑匪就是那个邮递员，包裹邮寄的地址是他负责的街区。

赤裸的上身暴露了凶手

海滨小镇萨斯镇上最近发生了一起失踪人口案。失踪男子名叫汉特，20岁左右，他家附近的房子很少，很多都是临时棚子，是离海最近的可以常住的地方。警方介入调查当天距离汉特失踪已经一周了，他们先是找到了汉特的父母了解汉特的习惯，近期是否有行为异常等。但父母交代一切正常，他们又去找了汉特的好友米勒。但米勒称他也不能提供更多的消息，因为最近他一直在房子里准备考试的事情，未曾和汉特联络，甚至都不知道汉特失踪的事情。

但米勒有些怪怪的，居然当着警察的面赤裸着上身，而且态度傲慢，让警察有些生气。所以当他调查完回警务所的时候，也向其他同事提起了这件事，边说还边咬牙切齿：如果凶手是那个家伙，我真想杀杀他的威风。结果，预言倒成真了，米勒就是凶手。

这是怎么回事呢？不会是警察公报私仇吧？

根据逆向推理，通常来说，人们在正式场合接受警察调查时都不会不穿上衣的，除非有不得不这样做的理由，也就是说

穿衣服会让他身体不舒服。经检查，警方发现他身上的确有晒伤。但在家里待着是不可能被晒伤的，因此推翻了他的说法。原来，是他把汉特骗到海上杀害的。但长时间在烈日下的航行也让米勒上身被严重晒伤，最终成为指证他的线索。

谁动了我的车子

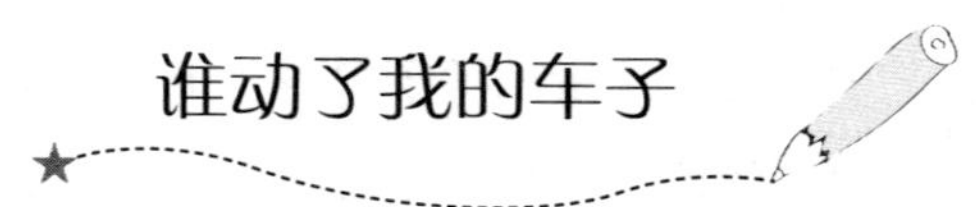

一天夜里，警察局的一名警官来到一家运动俱乐部办案，并直接要求运动俱乐部的老板斯坦丁出来回话。

警察问道："停在你们俱乐部门口的那辆红色的跑车是你的吗？"

"是的。"

"既然如此，你就脱不了干系了，作为重要的嫌疑人，你需要跟我去一趟警察局。"

警察简单的几句话让俱乐部的老板斯坦丁先生大吃一惊，因为他完全不知道发生了什么事情，也不知道警察为什么会找到他。

当斯坦丁先生仔细询问过后，才得知昨天晚上十点左右，本市的太阳能研究所被一个商业间谍潜入了，警备人员看到这个间谍是开着一辆红色跑车逃走的。而且，经鉴定科的人调查，确认研究所前面的空地上留有的轮胎痕迹，与斯坦丁先生的这辆红色跑车的轮胎痕迹完全一致！因此，警官怀疑是斯坦丁先生开着跑车去的研究所，要求斯坦丁先生去警局走一趟。

梅丽丝小姐看到自己的未婚夫有了困难，便去向当地有名的探长威尔先生寻求帮助。威尔先生听了梅丽丝小姐的诉求后，便赶了过来。接着，威尔先生询问了几个问题，得知斯坦丁先生昨天晚上有不在场的证明。

昨天晚上，因为工作的需要，在九点左右的时候，斯坦丁先生去拜访客户了，并和客户聊了两个多小时。而且，斯坦丁先生也说了，在那期间，也没有任何人借用过他的车子。威尔先生询问的结果让案子陷入了僵局。

就在这时，聪明的威尔探长突然哈哈大笑，说自己明白是怎么一回事了。果然，警察们按照威尔先生的建议，很快就抓到了间谍。

那么，大家知道是怎么回事吗？

其实，商业间谍是趁着斯坦丁先生去拜访客户的时候，趁其不备偷偷地将其车胎卸下，装到自己的红色跑车上。在行迹暴露后又把车胎换了回来。因为斯坦丁先生在客户家里停留的时间较长，所以窃贼有足够的时间完成整个偷换车胎的过程。

案例中斯坦丁先生说没有人开过自己的车子，而自己也有不在现场的证明，可是现场留下的车胎痕迹又无疑是自己的车子留下来的，那么，肯定有一个方法可以满足这两个看似矛盾的条件。所以，威尔探长就换了一个思考问题的角度，用逆向思维思考问题，就知道了间谍的把戏是怎么回事了。

车牌照里的玄机

一天深夜，一个男人正在过马路，被一辆急速行驶的卡车撞倒在了地上。肇事司机见附近没有摄像头，也没有行人看见这起交通事故，于是就扔下那个受伤的男人逃跑了。后来，男子被送往了最近的医院，却因抢救无效，去世了。在临死之前，男子只说了“6198”四个数字。

当地的警察局接手了这个案子，派杰克探长前去调查。杰克探长认为男子临死之前说的“6198”这几个数字就是肇事司机的车牌号码。于是，顺着这个线索，杰克探长很快就找到了车牌号是“6198”的车主。但是这是一辆小轿车，而且这位车主说自己的轿车这段时间出了一些问题，一直放在修理厂修理，已经有一个星期了。在此期间，他根本就没有开过这辆车。此外，车主还说案发当天，他正在跟朋友一起过生日。

杰克探长经调查后，确认车主所说的话属实。这让杰克探长十分郁闷，他原本以为能尽快破案，可是此时案情又陷入了困局。如果“6198”不是车牌号，那还会是什么呢？无奈之下，杰克探长只好请来了他的朋友鲁卡斯帮忙。

鲁卡斯在了解了整个案情之后就给出了一个建议。后来，杰克探长根据鲁卡斯的推论，最终找到了那辆肇事车辆。虽然那辆车已被车主洗过了很多次，可是杰克探长还是在车上发现了死者的血迹。在铁证面前，那位车主只得认罪服法。

亲爱的读者，你知道鲁卡斯是怎样看破车牌照里面的玄机的吗？

一般的警察都会认为“6198”是车牌号，顺着这个思路进行查案，但却没有找出真相。这时不妨运用逆向思维，从问题走向已知。

如果“6198”真的就是死者临死之前看到的车牌号码，那么这组数字就来源于死者的视角。但这并不意味着警察就能肯定这辆车的车主就是凶手。因为视角的不同，看到的结果也是不同的。

如果死者是仰面朝天，那么他很有可能会把数字看颠倒，“8619”这组数字，颠倒过来就是“6198”。警察已经排除车牌号“6198”的车主是清白的，那么就应该继续反过来查查车牌号为“8619”的车辆，是否就是肇事的车辆。最后，他们在警长的提醒下，发现了车牌号的玄机，破获了这件案子，找到了真正的肇事者。

扑朔迷离的指纹

那是一天夜里23点多的时候，劳力士正准备上床睡觉，忽然听到了一阵门铃声。他打开门一看，深夜来拜访的正是自己一直在躲避的债主莱昂纳多。

莱昂纳多是一个身材高瘦的男人，他用两只眼睛死死地盯着劳力士，让劳力士感到非常不舒服。莱昂纳多没说话，直接推开劳力士，走进他的房间，扫视了一下整个屋子，冷笑着说："你布置得很不错啊，是用我的钱买的吧？别以为你能躲过去，快点儿把借我的钱还给我，否则后果很严重。"

劳力士心里很惊慌，说道："明天，明天我就还你钱。这一次是真的。"

"你可不要骗我。"莱昂纳多不信任地说道。

"我怎么敢骗你呢？明天一定还你钱。莱昂纳多，我们也好久不见了，一起来喝一杯怎么样？"说完，劳力士从冰箱里取出啤酒。莱昂纳多看到劳力士的态度很好，就放松了戒备，接过啤酒打算喝酒。

就在这时，劳力士拿起冰箱里的一瓶红酒，狠狠地砸向了莱昂纳多的头部，莱昂纳多受了重击，立即倒在了地上，停止了呼吸。

劳力士杀死莱昂纳多之后，把他的尸体运到了郊区的一个公园里，之后回到家进行了大扫除。门把手、地板、椅子、桌子等地方，劳力士都擦得非常干净，甚至处理好了沾有血迹的衣服。一直到他以为再也找不到莱昂纳多留下的痕迹，他才放下心来。

第二天一大早，劳力士起床没多久，就听到了敲门声，他打开门一看，是两个警察。一个警察严肃地问劳力士："我们在郊外的公园里发现了莱昂纳多的尸体，他的口袋里有一个火柴盒，上面写着你的地址。他昨天晚上是不是找过你啊？"

劳力士否认道："没有啊，昨晚我家没有任何人到访。"

然而，另外一个警察指着一个地方说："他昨晚不仅来过，而且还留下了指纹。"劳力士顺着警察指的方向看过去，顿时就傻了眼，瘫倒在了地上。

亲爱的读者，请问莱昂纳多的指纹到底留在了什么地方呢？

这个案例可以采用逆向思维进行推理。首先，劳力士看到警察指的方向，说明他的确忽略了那个地方。我们来梳理一下莱昂纳多的动作，按门铃、推开劳力士、环视房间、坐椅子上、倒在地上，最后被劳力士背到郊外的公园。

其次，根据上述莱昂纳多的动作，可以肯定劳力士背着莱昂纳多时穿的衣服也不会留下，要么扔掉，要么烧毁。椅子、地上的痕迹也都被劳力士仔仔细细地擦过，也不可能留下死者的指纹。而唯一遗漏的地方就是门上的门铃。这也就是警察为什么没有按门铃而是选择了敲门的重要原因。因为警察已经发现了门铃上有莱昂纳多的指纹。

Part 11

创新思维：独辟蹊径，改变未来

一提到创新思维，很多人就会想到“新”“点子”“创意”等词。没错，所谓创新思维，就是在告诉大家如何在面对问题时独具慧眼，能够发现常人看不到的细节，并独辟蹊径，提供出常人难以想到的解决方法。

创新思维的重要性就不用多说了吧？如果没有创新思维，电脑、手机、Wi-Fi……这些让大家爱不释手的高科技也就不会被发明了。所以，这一章我们就来学习一下如何提升自己的创意思维能力，让自己像爱因斯坦一样，拥有广阔的未来。

如何偷运橡胶

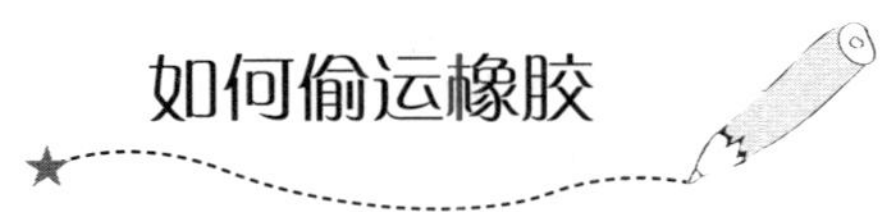

有一家生产橡胶的工厂因为管理不严格，导致工厂中的很多工人偷运橡胶，出去倒卖。这件事被橡胶工厂的老板发现后，老板为了防止橡胶再次被偷运，就雇用了几名保安人员看守工厂，并对所有进出工厂的车辆和工人进行严格检查，以防止工厂里的橡胶被偷。

这一天，一名正在值班的保安人员接到了一个匿名的举报电话，说今天会有大批量的橡胶被偷运出橡胶厂。保安人员得知这个消息后丝毫不敢怠慢，严格排查来往的行人和车辆，只要发现不一样的地方就认真地检查。

但是，保安人员检查了很久都没有发现问题。就在保安人员觉得这是一个恶作剧的时候，一辆满载胶桶的货车准备驶出工厂大门。保安人员上前例行检查，却发现车上装的只是一些空胶桶，并没有橡胶装在里面，就准予这辆货车驶出工厂了。然而，没有多长时间，举报人又打来电话，说：“橡胶已经被运出厂了，就是刚才出去的那辆车。”

保安人员十分不解，他们明明对那辆货车进行了全面检查，橡胶不可能藏在那辆车上呀！那么你知道橡胶是怎么被这辆车偷运出去的吗？

其实那些空胶桶就是偷运出去的橡胶。是工人们将橡胶提炼成了桶形，这样就能逃过保安们的严格检查了。

骑着驴找骡子

李爷爷住在深山里头。一天，他牵着自己的骡子，驮着自己种的一些农作物，出山赶集去了。走到半路上，不知道怎么回事，骡子莫名其妙地就是不肯走了，无论李爷爷怎么哄、怎么赶都不管用。

李爷爷很着急，眼看天已经接近中午了，再不走就没时间赶集了。就在李爷爷束手无策时，有一位陌生人骑着一头毛驴走上前来。那人看见老头儿正在吃力地赶骡子，就忙问："您老这么急，要上哪儿去啊？"

李爷爷回答说："别提了！我急着赶到前面县城去，可这畜生不听话，硬是不肯走了！"

那陌生人笑道：“啊，正巧，我也要去县城办事，咱们一块儿走吧！”接着他又关心地说道，“您看，我这头驴，驯服听话，我们可以先换着骑，我来骑你的骡子好了！”李爷爷也没多想，很感激地连忙点头。

可没想到的是，那陌生人跨上老头儿的骡子后，狠抽几鞭，骡子就撒开四蹄飞奔起来，一会儿工夫就不见踪影了。老头想追也追不上，气得他连连跺脚，大呼上当。于是他只好牵着那陌生人留下的驴子跑去县衙告状。

县老爷问明情况后，对李爷爷说：“你别着急，先把驴留在这儿，过四天，你再来。”等老头儿走后，县老爷便命令手下，把驴拴在一间空屋里，不喂一口草料。结果，真的向县老爷说的那样，找到了那个拐跑李爷爷骡子的陌生人。

请问，你能想出来县老爷是怎么找到这个人的吗？

四天后，县老爷让人牵出驴来，跟着李爷爷走到了四天前骡子被拐跑的地方，然后县老爷就放开了驴绳，任其自去。毛驴饿了四天，已经非常饥饿了，就一溜烟儿跑回了主人家里，衙役也紧随到达。果然，拐跑李爷爷骡子的那人就在家中。

奇怪的赛马比赛

杰瑞和亨利是两个好朋友，他们都非常热爱骑马。有一次，杰瑞和亨利决定来一场赛马比赛。

在比赛前，杰瑞和亨利制定了比赛规则。众人看到这个比赛规则后，都觉得很有意思。双方规定：谁的马车先到终点线，谁就输掉了这场比赛！反而第二个到达终点的马才是获胜者。

到了比赛那天，一枪令下，杰瑞和亨利在开始抽打自己的马向前跑。当他们的马跑了一会儿，距离终点不远的时候，两个人不约而同地开始减速了。就在只剩下 100 米的地方时，两人都停下来了，因为双方都不愿输掉比赛，不想第一个到达终点。可是，两个人都停了下来，比赛还怎么进行呢？比赛也不能半途而废啊！这可怎么办呢？

就在这时，一个路人从杰瑞和亨利的马旁路过，两人跳下马车决定让这个路人给他们一个建议。那个路人听了以后，哈哈一笑，说这很简单，就真的给出他俩一个建议，然后两人迅速跳上马车，开始加速前行，都开始争第一了。

当然，这个路人也并没改变他们最初的比赛原则。那么路人给他们提的又是怎样的建议呢？

原来这个路人建议他们两人分别去驾驶对手的马车，因为他们规则是“谁的马车先到终点线，谁就输掉比赛”。

能鉴别小偷的手提箱

在一列开往纽约的列车上，大家都相安无事地坐着。这时，突然传来一位女士的叫声：“我的手提箱不见了！”当时火车即将在一个小站停靠了，靠站停车的时间很短。所以，有些乘客们早就拿好了自己的行李箱，急匆匆地准备下车。

凑巧的是，在这节车厢中正好有一名侦探。这名侦探听到了这位女士的叫声，便马上赶了过来。侦探先是安慰了女士，让她别着急，看看会不会是有人拿错了。女士听了侦探的话，就稳下心来，赶紧朝四处搜寻自己的行李箱。果然，这位女士看到一个男士提的箱子和自己的很像。于是，她快步冲了上去，一把抓住那个男士问道：“这是你的手提箱吗？”

“对不起，我拿错了。”男士一怔，马上道歉说。之后，男士慌忙地把手提箱还给了这位女士，并快速地朝出口走去。

侦探看到这里，立即追过去对那个男士说：“先生，你下错了车，请赶快回去！”说着，侦探不由分说地就把男士拉了回来。然后，侦探叫人拉住这个男人，并找来火车上的警卫员，说道：“那个男子是个小偷，你去把他控制住。”

警卫员一开始还不相信侦探的话，后来，等警卫员对男子进行搜身后，果然从男子身上搜出了很多现金、首饰等贵重物品。那男子在事实面前只好坦白招供，而火车上那些丢失了东西的人也找回了自己的物品。

请问，侦探是怎样看出这名男子是个小偷的呢？你看出来了吗？

其实，男士并没有下错车，侦探是故意这样说的。如果男士说他拿错了手提箱，照理，他应该赶快回到车厢拿回属于自己的手提箱才对，但他却急着往出口走，显然他有猫腻，是个偷手提箱的贼。

自投罗网的大盗

中世纪的时候，一顶名贵、古老的皇冠在欧洲一个国家的博物馆里展出了。由于那顶皇冠上有一个特大号的钻石，而且是皇室人员专门佩戴的皇冠，因而这顶皇冠的展出，引起了众多参观者的兴趣。当时由于前来观看的人太多，博物馆就把这顶皇冠列为重点保护对象，设有专人严加看护。

可是，在严防死守下，皇冠上的钻石终究还是被人偷走了。令人奇怪的是，看护皇冠的人没有发现任何异常，安置在皇冠周围的报警器也没有响，而且，皇冠展柜和馆内所有的门窗都完好无损。为了将丢失的钻石找回来，博物馆的负责人找来了大侦探福尔摩斯前来调查此事。

大侦探福尔摩斯来到了皇冠的展柜前，看见皇冠展柜中有一个精致而坚固的透明罩，在它的基部交接处有一个对位孔，窄小得只能容一只小老鼠通过。就在此时，福尔摩斯眼睛一亮，发现展柜的边沿有一根白色的细毛。第二天，福尔摩斯就安排手下在报纸上刊登了一则消息："盗窃皇冠钻石的犯罪分子现已被捕，正在审讯中。"同时，他还登出了一张犯罪分子的相片。

过了半个月后，福尔摩斯又用别的名字在报上登出一则启事："本人因不慎将一块瑞士高级金表滑落至25层楼的下水道中，现寻找高手帮忙。如果你能在不损坏建筑的情况下把表取出来，本人将以金表价值的一半酬谢。"

启事登出去几天后，助手向他汇报说有一个医生模样的人训练了一只灵巧的小白鼠，可以担此重任。

福尔摩斯高兴地叫道："好！马上逮捕他！他就是盗窃钻石的犯罪分子。"

请问，福尔摩斯是如何让犯罪分子自投罗网的呢？

线索就是那根白色的细毛。福尔摩斯将细毛带回去后，经过鉴定证明是白鼠身上的毛。所以，为了麻痹犯罪分子，福尔摩斯故意制造假新闻，说犯罪分子已经被抓获了，让真正的盗贼放松戒备。而后，他又以高额酬谢为诱饵，让犯罪分子自投罗网。

如何成功从谷中脱险

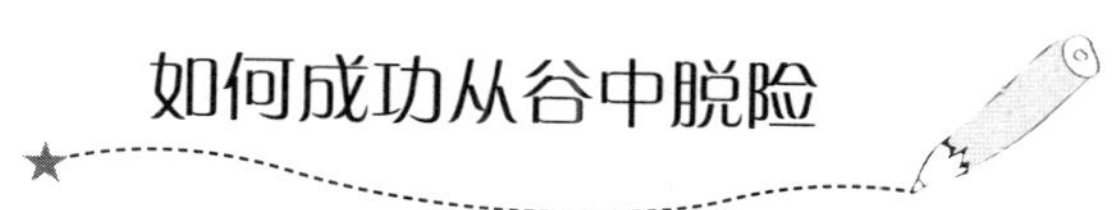

两个爱好探险的朋友相约到一个深谷去探险。当天，他们带着装备来到了深谷的入口，并把事先准备好的软梯放了下去，就欢欣雀跃地踩着软梯进入谷底的洞穴一探究竟。

但是，他们到达谷底才走了几米远的距离，意外就发生了。谷底的泉水忽然大量涌了出来，而且水流还很急，不一会儿水位就到了这两个人的腰部，并且水位还在不断地上涨。

这两人既不会游泳，又没有带救生的工具，只能立刻攀着软梯出谷。但是，他们面临着一个难题，那就是他们所用软梯的负重是200公斤，而他们两个人的体重都是110公斤左右。刚才下来的时候，他们就是一个一个下来的。如果两人同时攀登软梯，软梯很可能承受不住两个人的重量，势必会导致软梯被踩断；若是他们两个依次先后地攀梯而上，那么时间很可能就来不及了，就会使一个人的生命受到威胁。

请问，你有什么更好的办法，能帮他们安全脱险吗？

答案

要知道水是有浮力的。在浮力的作用下，原本的重量就没有那么重了。所以，一个人可以先顺着软梯向上爬，而另一个人等到水到了肩部的位置后再开始攀升。只要这个人向上爬的速度与水涨的速度尽量保持相当，使水的高度始终围绕在人的肩部，那么，借助水的浮力，软梯就可以负担两个人的重量了。

谁偷走了演讲稿

一艘豪华游轮从大西洋开向美国，福尔摩斯正安静地坐在游轮上欣赏风景。此时一位游客突然跑来对福尔摩斯说："侦探先生，我刚刚丢了一份很重要的演讲稿，是关于航空母舰的。请你们帮忙调查一下，拜托了！"

原来，这位报案者是一位著名的造船专家，这次就是去参加一个很重要的国际会议的。吃午饭的时候，这位报案者和另外五名乘客围坐在一张圆桌上一起吃饭。期间，报案者跟他们谈论起了关于建造航母的事情，并不小心透露了自己的演讲稿就放在卧舱里的信息。不过，报案者意识到了不妥，当即就换了一个话题来说。

没过一会儿，一位女服务员就端了一道热汤上来。可是，因为服务员的不小心，她将热汤洒到了一位夫人的裙子上。之后那位夫人就和她的丈夫回去换衣服了，而那名服务员也因此事被老板叫到了办公室。

后来，大家都走了，桌上的那位日本青年也就回去打游戏了，而另外一对夫妇则去酒吧喝酒去了，只有造船专家是最后一个人独自离开的。造船专家回到了自己的卧舱时才发现那份演讲稿不见了。

听了造船专家的描述，福尔摩斯开始对案情进行推理。经过分析，他认为，桌上的五名乘客虽有嫌疑，但不是作案者，作案者应另有其人。

那么请问，究竟是谁偷走了专家的演讲稿？

既然那五位围着专家谈话的人没有作案时间，福尔摩斯就从另外角度出发，将注意力放在了船上的工作人员上。果不其然，案情立刻真相大白。原来，罪犯是游轮上的女服务员和她的老板，她的老板故意怂恿她去制造事端，以吸引大家的注意

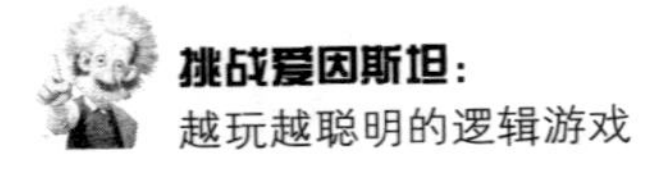

力，然后趁乱离开餐厅实施盗窃计划。

我们看这个案子的时候，一般都会把目光集中在造船专家与另外五名乘客身上，忽视了女服务员，觉得以她的身份好像不会需要这样的东西。俗话说，最容易忽视的反而是最关键的。答案往往就在不经意间。

如何找到戒指

一天下午，邦妮探长接到了一个报警电话，报警人说他们的珠宝店被盗了，丢失了一枚价格不菲的戒指。邦妮探长放下电话，就立刻来到了珠宝店。

根据珠宝店的工作人员描述，当时珠宝店里已经没有多少人了，大家都在准备下班。就在这时，进来了一位顾客。这名客人看起来很有钱，一身名牌不说，还举止文明，很有礼貌，嘴里一直咀嚼着口香糖。

那位客人在珠宝店转了一圈，就指着一枚戒指跟珠宝店的工作人员说：“给我拿这个看一下，对对，就是这枚玛瑙戒指。”

服务员过来帮客人拿出了戒指，并不遗余力地推销自己的戒指：

“先生你可真有眼力，这是女作家海伦的遗物。”

这名客人并没有说话，接下来就在慢慢地观赏戒指了。但是，由于客人观赏的时间有点长，服务员有点不耐烦，就去忙其他的事情了，准备收拾收拾下班。服务员忙一会儿，就扭头看一下那名客人。突然，服务员发现那个戒指好像掉到了地上，而那位顾客也赶忙道歉说：“哎呀！真对不起，我没拿稳。”

说着，那位顾客弯下腰，从地上捡起了戒指，并递还给了服务员：“麻烦你放回去吧。刚才实在是不好意思，不小心把戒指掉在地上了。”

当服务员接过戒指后，细心的她发现这枚戒指已经被调包了，于是服务员就对这位顾客说：“对不起，先生，您给我的好像不是我给你的那枚戒指。您能允许我搜搜你的身吗？”

“当然可以。”客人很爽快地答应了。

但是服务员搜遍了客人的全身，也没找到那枚戒指。于是就报警了。

邦妮探长观察了一下顾客，然后说：“我知道戒指在哪里了，这位先生，麻烦你把戒指交出来吧。”

请问，你知道戒指在哪里吗？

原来戒指就藏在那位顾客的嘴里，用嘴里的口香糖将戒指包住了。那人趁服务员离开他身边的时候，将戒指放在嘴里，用口香糖包住戒指。

在这个案例中，服务员虽然看出戒指被调包了，却没在嫌疑人身上找到，原因就是他将思路仅仅局限于嫌疑人的衣服里，并没有注意到他咀嚼的口香糖。

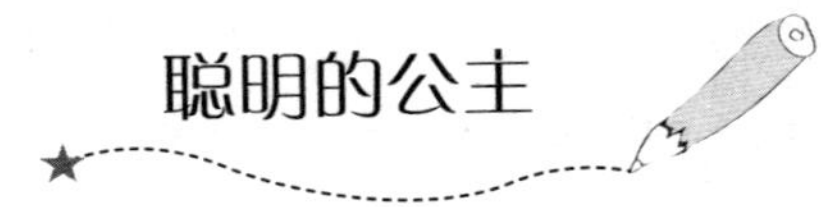

聪明的公主

两个相邻国家之间发动了一场战争，其中的一个小国被另一个比较大的国家灭亡了，这个国家的国王和王后都被侵略者杀害了，只存活下来了一个小公主。这位小公主带领着一些武士突围出来，逃到了一个不知名的海岸附近。

公主和这群武士虽然死里逃生，但是他们却没有了生存之地。公主想来想去，觉得这不是办法，正好她身上还带着一些金币，于是公主就去拜访当地的酋长，希望从酋长那里买一点儿土地，能让他们在这里生存下去。

可是傲慢的酋长并没有把公主的这点儿钱放在眼里，他轻蔑地说道：“才这么一点儿金币就想买我们的土地？那你只能买下用一张牛皮所圈出的土地。”

大家听了都难过起来，以为无法在这里生存下去了。可是，聪明的公主却想到了一个好主意，最后真的用一张牛皮圈出了供他们生存的一大片土地。你知道公主用了什么方法得到了自己想要的土地吗？

公主向酋长买来一张牛皮后，就用小刀把它割成细细的牛皮条，然后把这些牛皮条一条条都连接起来。接着，在海岸上选好一个点作圆心，以一段海岸线作直径，在陆地上用牛皮绳圈起了一个半圆来。而这个半圆已经足够他们生存下来。

哥伦布用月亮换粮食

1493 年，哥伦布率领船队出海。本来一切都很顺利，可海上的天气突然发生了变化，哥伦布和他的船队在大西洋遭到了风暴的袭击，有几条船被大浪打翻了，而幸存的那几条船则顺水漂到了牙买加岛的一个偏僻的码头上。由于哥伦布他们的食物都已被海水冲走了，所以只好向当地的印第安人求救。但是，这里的居民们早就被海盗洗劫过了很多次，所以不信任哥伦布他们，也坚决不肯支援他们。

哥伦布看着自己落魄的船员们一个个饥肠辘辘，他也心急如焚，却又无可奈何。正当哥伦布心烦意乱的时候，他随手翻阅起身旁的一本天文书。当他看到其中一页的内容后，哥伦布突然想到了一个好主意，于是跑去找印第安首领。

哥伦布来到印第安首领面前，又一次要求首领借点儿粮食给他落难的船员们。首领看着哥伦布一次又一次前来借粮食，顿时没有了耐心，大发雷霆。可是哥伦布却心平气和地说道："如果您不答应，我就夺走你们的月亮。"印第安人听了当然不信，还嘲讽哥伦布，说他不自量力，就把他赶出了首领的房间。

当晚，印第安人正像往常一样，在月下歌舞。但不一会儿，本来明亮的天空突然暗了下来，原本皎洁明亮的月亮不见了！这让印第安人都很害怕，他们顿时想起了哥伦布的话。于是，所有的印第安人跟着首领来找哥伦布，希望他把月亮还给他们，并且许诺不管什么要求他们都会答应他。哥伦布得意地说道："好吧，既然这样那我就把月亮还给你吧。明天你们就可以看到你们的月亮了。"而印第安人也兑现了他们的承诺，他们给了哥伦布船队足够的粮食和淡水。

第二天，哥伦布就带着他载满补给的船队离开了这里。当晚，印第安人也看到了他们的圆月。

你知道哥伦布是如何"抢走"月亮的吗？

既然哥伦布看的是天文书，那书中记载的就是与天文学有关的知识了。哥伦布所谓的偷走月亮，其实正好是因为那一天是月全食。哥伦布就是借着印第安人对月全食的不了解，才换来了粮食。

Part 12

系统思维：登高望远，统筹全局

许多哲学家认为，看待一个事物要从整体和个体两个方面来看，在思考问题的时候也是如此。这就是系统思维，极大地简化了人们对事物的认知，给我们带来整体的观念和感受。

科学家爱因斯坦在思考问题时就是如此，他看待问题从不会片面而单一，而是从多个方向、多个角度出发，去提炼出事物的各个要素，然后就可以统筹全局。所以，系统思维在生活中体现出的价值是显而易见的。一个人如果能运用好系统思维，就可以帮助提升自身的思维能力，避免犯下不必要的错误。因此在这一章里，我们就来认真地锻炼一下自己的系统思维能力。

数字中的谜案

美尼斯是 FBI 探长埃尔亚的邻居，他很喜欢与埃尔亚探长聊天，因为他能从埃尔亚探长那里听来很多非常有趣而又充满悬疑的故事。

有一次，美尼斯突然遇到了一个棘手的问题，便去请教埃尔亚探长。美尼斯在敲门的时候，发现房门是虚掩着的。美尼斯对此倒是习以为常了，因为埃尔亚探长虽然在探案上非常专注，但在生活琐事上却常常丢三落四的。美尼斯为此还调笑过埃尔亚好几次，说他是一个“奇人”，与众不同。

美尼斯直接推门进去，却发现埃尔亚探长不在家。美尼斯心想：或许埃尔亚探长有事出门了，我改天再来找他。于是，美尼斯准备转身离开，但就在这一瞬间，他瞥见了搁置在茶几上的一张纸条。虽然纸条被揉皱了，但上面记着几个数字，貌似是和某个案件相关。

满怀好奇心的美尼斯马上拿起纸条，细细端详纸条上的三组歪歪扭扭的数字：第一组是123258；第二组是14789632；第三组是74125852369。

由于经常从埃尔亚那里听来一些破案的细节，美尼斯也渐渐学到了一些破案技巧，他觉得这组数字应该是案件中某个非常重要的线索，但是，它究竟代表着什么呢？美尼斯推敲良久，还是无法得知答案。亲爱的读者们，你能猜出它暗含的意思吗？

这三组数字，在数量级上差了很多，很难想象它们各自代表的是什么。可以确定的是，这些数字之间必然存在着某种联系。根据数字的双重意义，如果不是数值，那么就是顺序。归纳上述信息，如果每个数字都能构成一种符号，且这三个数字各自代表的事物组合起来又恰恰具备某种意义的话，真相也就大白了。其实，如果把沿用了多年的数字键盘，尤其是手机形式的数字键盘考虑进来，这几串数字就很好理解了。因为，在手机九键键盘的限制下，连续按下这三串数字时，手指滑过的轨迹将呈现出T—O—M这个英文名的字母组合。也就是说，这起案件必定和一个叫“TOM”的人或物有关。

被毁坏的佛像

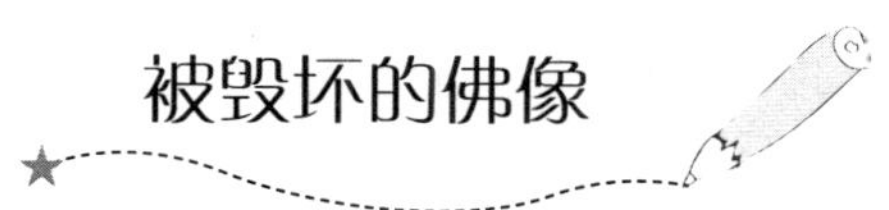

泰国曼谷市最近发生了一连串匪夷所思的案件：在不同的地点，有一款相似的石质的佛雕像连续被毁了，而且，也许是为了保护石雕像的原因，有一个石雕像的主人都被杀死了。正因如此，这个案件引起了大家的重视。

大侦探布拉德皮特负责来侦破此案。他首先走访了那些被毁过石雕像的受害人，从他们那里了解石雕像的有关信息。经过几番询问后，布拉德皮特大致确定了这些石雕像都来自沃尔玛商城，就又向沃尔玛商城的老板了解情况。

从沃尔玛商城的老板那里，布拉德皮特得知这些石质佛雕像都是半年前进的一批货，总数并不多，但是，因为商城的老板花了很长的时间才把这些石雕像全部卖了出去，因此就再也没有进过这种佛像了。而这些石雕像是老板从库克通用雕像公司进的货，当时除了有佛雕像之外，同一家公司出产的撒尿小孩塑像也非常好卖，因此，他也在不断地进货。说完，老板还指着陈列在大厅里的几尊塑像让布拉德皮特看。

老板还说了自己的猜测：“不知道是不是因为这些石质佛雕像是

以其他国家的佛祖为原型塑造的，才会激起本国宗教狂热人士的暴行，毕竟城里面那些本地的菩萨佛雕和罗汉佛雕都没有遭遇这种厄运。”老板摇了摇头说。

商城老板的话让布拉德皮特陷入了沉思：难道真的是以外地佛祖为原型的石雕像激起了一些人的愤慨？但总感觉哪里不对，布拉德皮特也犯了难。你能帮布拉德皮特分析一下这个案件吗？

其实，从受害的只有库克通用雕像公司的石质佛雕像这一点来看，布拉德皮特侦探就可以沿着“凶徒是针对该公司还是石质佛雕像”去探查案件。考虑到同一家公司的其他雕像没有遭到破坏，就归纳出凶徒很可能只是针对这款石质佛雕像，或者，他的消息渠道使他只知道这家公司有这一种产品。下面的调查应该是通过确认这款石质佛雕像的其他作品是否遭殃，如果答案是肯定的，则在宗教信仰方面锁定嫌疑人；如果答案是否定的，那么就从与该公司结怨的方向调查。

究竟鹿死谁手

一天，皇帝想要外出打猎，于是命令赵一、钱二、孙三、李四、周郎、吴山、郑七、王江这八员大将陪同他一起去。

皇帝和他们一行人来到了一片树林中，皇帝刚说完比赛规则，突然有人发现前面跑过来一头鹿，于是皇帝和八员大将就纷纷展开了追逐。经过一番竞争后，这八员大将中的一员大将用箭射中了那只鹿，但是，到底是哪一员大将射中的，谁也不清楚。这时，皇帝拦住了前去看箭上刻写的姓氏的侍从，而要大家先猜猜看究竟是哪个人射中的。八员大将众说纷纭。

赵一说："要么是王将军射中的，要么是吴将军射中的。"

钱二说："如果这支箭正好射中鹿的头上，那么鹿是我射中的。"

孙三说："我可以断定是郑将军射中的。"

李四说："即使这支箭正好射中鹿的头上，也不可能是钱将军射中的。"

周郎说："赵将军猜错了。"

吴山说："不会是我射中的，也不是王将军射中的。"

郑七说："不是孙将军射中的。"

王江说：“赵将军没有猜错。”

猜完之后，皇帝命令赵将军把鹿身上的箭拔出来验看，证实八员大将中有三人猜对了。

那么你知道鹿是谁射死的吗？假如有五个人猜对，那么鹿又是谁射死的？

这道逻辑思维题看似复杂，实际上，只要我们理清了其中的关系，系统地推理一下，就不难看出其中的玄机。八位将军所说的话中，有六位将军是互相矛盾的。周将军和王将军互相矛盾显而易见。赵将军断言：在王、吴两将军中至少有一个人射中；而吴将军说自己同王将军没有射中。这两个判断是对立的，因而也互为矛盾。钱将军与李将军的话也互为矛盾。互相矛盾的判断不能同真，不能同假，必有一真一假。因而，以上六位将军有三人猜对，三人猜错。如果八位将军有三位将军猜对，那么孙将军与郑将军猜错了，可推出鹿是孙将军射中的。如果八位将军有五位将军猜对，那么孙将军与郑将军猜对了，可推出鹿是郑将军射的。

郁金香的秘密

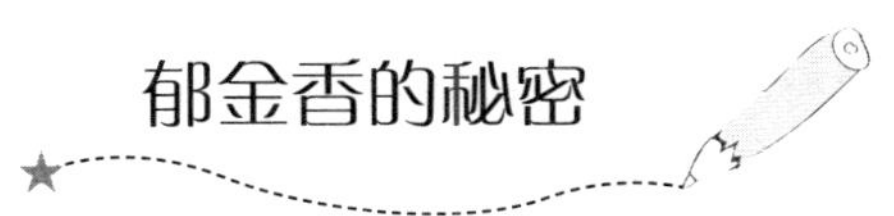

约克夏郡有一位音乐人叫马尔福，他长得非常英俊。在一次卖唱的过程中，马尔福偶遇了当地有名的美人格蕾雅。两人相见的第一眼，格蕾雅的美貌与气质就深深地吸引了马尔福，而马尔福的英俊外表也俘获了格蕾雅的心。

马尔福很快就打听到了格蕾雅的住所，就经常在格蕾雅的窗下弹唱，倾诉自己对她的爱慕之情。美丽的格蕾雅原本就很喜欢这位英俊的年轻人，也就没有在意这位冒失的年轻人的无礼举动，反而更加爱慕马尔福了。就这样，马尔福与格蕾雅恋爱了。

没过多久，格蕾雅的父亲得知了此事，他非常生气，不愿意让自己的宝贝女儿跟马尔福这种没有固定工作的音乐人混在一起。可是格蕾雅和马尔福相处了一段时间后，已被他的才华深深吸引，她觉得自己和马尔福在一起很快乐，坚决要和马尔福在一起。格蕾雅的父亲没有办法，只好出一道难题来考马尔福。

格蕾雅的父亲找来了两个身材与自己的女儿极其相似的邻家少女，穿着和格蕾雅一样的衣服，用纱巾蒙住面部，站在布帘后面。然后，格蕾雅的父亲找来月季花、玫瑰花和郁金香，让三位少女每人拿一朵鲜花，让马尔福来猜猜看哪一位是格蕾雅。如果马尔福猜对了，那他就答应女儿和马尔福在一起。

马尔福在猜测的过程中，格蕾雅是不能与马尔福打招呼的。所以，格蕾雅很着急，担心自己的心上人猜不出来。后来，格蕾雅看着眼前的三支鲜花，她突然灵机一动，挑了一朵郁金香，把月季花和玫瑰花给了另外两个少女。

然后，格蕾雅的父亲叫来马尔福开始来猜。站在布帘另一侧的马尔福看着眼前的三只小手拿着三支不同的花，沉思片刻后，便对格蕾雅的父亲说："我已经认出来了，拿郁金香的就是您的千金小姐格蕾雅。"当马尔福拉着格蕾雅走到她的父亲面前时，老人再也无话可说了。

请问，马尔福是怎样断定拿郁金香的就是格蕾雅呢？

因为月季花和玫瑰花都是带刺的，只有郁金香没有刺。这正是格蕾雅挑选郁金香的原因，她在暗示马尔福：选这朵花吧，它不会扎到你的手的。

如何切割金链

富家女卡洛琳因为与父亲吵架而离家出走了，她没有居住的地方，就想在一家旅馆租用一间房间，租期为一周。服务员告诉卡洛琳说：“房费每天 20 美元，要付现钱。”然而卡洛琳和父亲吵完架后就直接离开了家，手头上没有拿那么多的钱。卡洛琳在说尽了好话后，服务员还是不能通融。“这可怎么办好呢？难道我要露宿街头吗？”卡洛琳想到。

突然，卡洛琳看到了自己手腕上带着的那条金链子，于是她就问那服务员：“我有一根金链子，总共有 7 节，每节都值 20 美元以上。您看能够抵做房钱吗？”服务员答应了。

接着卡洛琳又想起了什么说道：“我得请珠宝匠把金链割断，每天给你一节。等到周末我有了现钱，再把金链赎回来。”善良的服务员也同意了。

现在，卡洛琳必须找到断开金链的方法。而且，卡洛琳知道，珠宝匠是按照他所切割及以后重新连线的节数来索要加工费的，那么，卡洛琳为了不赔钱，就应该找到一种最经济的切割方法。

请问，金链需要切割多少节是最经济的方法？

最经济的方法就是将金链切割开两次。首先，把金链断开成1节、2节、4节这样三段后，就能以换进、换出的方式每天付给服务员一节作为房费了。比如，第一天卡洛琳给服务员1节金链，第二天给服务员那个2节的金链，顺便把第一天那个1节的金链换回来……这样的话，只需要花费很少的加工费就可以了。

微妙的变化可以拯救一个工厂

一家牙膏厂生产的一种牙膏很受欢迎，市场反响一直很好，连续五年来营业额的增长率都在10%至20%之间，而且只增不减。可是，到了第六年的时候，企业的业绩却停滞不前了，接下来的两年也不见有所提升，销售额只是保持了原来的水平。于是，工厂的领导人决定召开高层会议，商讨对策。

在会议上，厂长许诺说：谁能想出解决办法，让今年销售业绩增长10%，就给他10万元的大奖。大家纷纷开始发表自己的建议，但是没有一个人的建议能让厂长觉得满意的。就在厂长和众人一筹莫展之际，有位刚刚上任的部门经理站起来，递给了厂长一张纸条。厂长打开纸条，看完后显得非常兴奋，并马上签了一张10万元的支票给了这位经理。

第二天，整个工厂就接到了厂长的指令，立即按照那位年轻经理给出的办法进行改革。到了年底的时候，工厂的销售额增长了20%还多。

那么，那张小小的纸条上究竟写了什么，能如此有效地提高工厂的营业额呢？你能想到这个人用了什么办法吗？

这也是一道系统思维练习题，因为牙膏的市场已经饱和，而且这家企业想在不开发新市场的条件下提高牙膏的销量，那就只能从牙膏本身下手。例如，一管牙膏，消费者原先能用半年，如果通过改革能让他只用五个月，那么不就空余出新的市场，把销量提上去了吗？所以，其实那张纸条上只写了一句话：将牙膏管口直径扩大1毫米。消费者每天早晨习惯挤出同样长度的牙膏。如果让牙膏管口直径扩大1毫米，那每天牙膏的消费量就会多出很多。这样一来，消费者消费量增加，牙膏的销量自然而然就增加了。

希克尔巧卖地毯

希克尔是美国著名的商业大亨，他在年轻的时候就展露了自己的商业才能。

在希克尔 20 岁那年，他要去阿拉伯推销地毯。结果，他的很多朋友、家人都不支持他，纷纷劝他不要去。众所周知，阿拉伯的地毯业在全球首屈一指，而且畅销全球，希克尔如果想要跟阿拉伯的地毯叫板，那是注定要失败的。然而希克尔却偏偏不听劝告，一意孤行，带着自己的地毯来到了阿拉伯，开始努力地工作。

刚开始的时候，正如朋友们所料的那样，希克尔赔得一干二净。但是，希克尔并没有就此罢休，而是决定从头再来。

希克尔开始认真观察阿拉伯当地人的风俗习惯，想要从中发现商机。希克尔发现当地的阿拉伯人大多是穆斯林教徒，每天都要跪在地毯上朝着麦加的方向祷告。这让希克尔想到了一个好主意，他巧妙地设计出了一种能帮助穆斯林教徒朝着麦加方向祷告的地毯。正是这个小小的创新改进，不但使希克尔卖完了所有积压的地毯，而且从此还在阿拉伯的地毯市场上占据了一席之地。

那么，你知道希克尔采取了什么方法吗？

希克尔在他的地毯上都加了一枚能指向北方的小罗盘，那么，这些每天都要祷告的穆斯林教徒们只需要按照地毯上罗盘指定的方向祷告就可以了。

以人为本的人行道设计方案

一位年轻的建筑师第一次脱离老师的指导，独立为一片商业区设计了一群写字楼。在工人们按照设计师的规划盖好写字楼以后，设计师才发现这些楼与楼之间的人行道他还没有设计！

这可怎么办好呢？要知道设计师将这些相互交错、参差不齐的办公楼设计得非常多，楼与楼之间的距离也比较密集。而且，将来这里将会是一些白领工作的区域，每个人都会匆匆忙忙地赶时间，因此，楼与楼之间的人行道要设计的合情合理，能使人在最短距离内到达自己的目的地。然而，由于楼群布局复杂，想要找到一个最佳方案并不容易。于是设计师开始每天在这些写字楼之间观察。

观察了好几天，设计师依然没有办法，他只好请来了他的老师。

设计师的老师在写字楼之间走了一圈，又看了看四周急匆匆的行人，就说道："你不要着急，你先让人在楼群之间的空地上种上草坪，等夏季过去以后，你的人行道的设计方案自然就出来了。"

虽然设计师没有理解老师的意思，但是，他还是按照老师说的那样让人在写字楼的所有空地上种上了草坪。等到秋天，设计师果然设计出了非常方便的人行道。请问，设计师的老师为什么要种草坪呢？这与设计人行道有什么关系呢？

因为设计师的老师发现，很多人走路的时候有一个习惯，为了节约时间，在没有人行道的时候，人们一般都喜欢找最近、最短的道路通向自己的目的地。所以，设计师的老师让设计师先在这些楼群之间种上草坪，等到了秋天，人们就会在草坪上踩出许多小道，最明显的印迹，就是人们最喜欢走的一条路，也就是人行道的最佳方案。

富豪贷款 1 美元

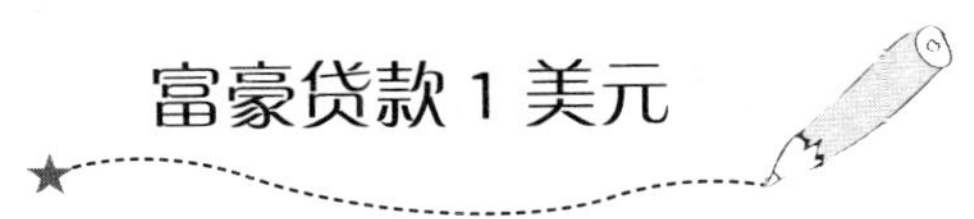

一位大富豪下了飞机后，需要在这座城市办理一些业务。但是，他没有去办事，而是先走进了一家银行，来到贷款部门要求申请贷款。

贷款部的经理看到这位富豪的穿着十分讲究，还带着昂贵的名牌手表和宝石戒指，就想这一定是位大客户，于是赶忙上前彬彬有礼地问道："您好！先生，请问有什么事情我可以为您效劳吗？"

"我要贷款。"那位大富豪直接说道。

"啊，可以先请问一下，您想贷多少呢？"经理很开心地问道，他想这人一定会贷很多。

谁知富豪却说了一个经理想不到的数字："我要贷 1 美元。"

"您说什么？你只要贷 1 美元吗？"银行经理认为自己听错了，惊讶地睁大了眼睛，重复问道。

"是的，你没听错，我只需要 1 美元，可以吗？"这位富豪肯定地说道。

银行经理是个工作经验丰富的人，他马上想道：这人一看就是个富豪，但他只贷 1 美元，一定有什么原因，可能他只是想试探一下我们的工作效率和服务质量。而且，银行也没有规定1美元不能贷款，想到这儿，银行经理装作高兴的样子说："啊，当然没问题！只要您有足够的资产作为担保，您需要多少钱我们都可以为您做到。"

"哦，很好。"说着，这个大富豪就从自己的皮包里取出了一大堆股票和债券放在了经理的办公桌上。

那位银行经理清点了一下，发现这些债券和股票足足价值50万美元！银行经理越发不理解了，他不知道这位富豪先生到底是什么意思，于是他客气地说道："先生，您的这些股票和债券加起来一共价值50万美元，您真的只要贷1美元吗？"

"是的，我只需要1美元。"富豪先生看起来都有点儿不耐烦了。

"好吧，那就请您跟我来这边办手续吧。"银行经理带着这位富豪办完手续后，就看到富豪先生满意地离开了银行。银行经理却百思不得其解，不知道富豪先生是什么意思。

看到这里，你是不是也很奇怪，你能想出为什么这位富豪先生只贷1美元吗？

其实，这位奇怪的富豪先生的目的不是为了贷款，而是为了保存他的那些债券和股票。题目中讲道，富豪先生想先到城里办一些事情，但他包里携带着一些股票和债券很不方便，但又不知道该把这些东西放在哪里，于是他就想到了这个方法，用贷款的方式将这些股票和债券寄存在银行里。所以只要贷1美元就可以达到自己的目的了。